This book is avail:
"Fullcolor" and "Grayscale"

Both versions are
Available at

Scan the QR Code or
follow the link
to order.

Please Rate
the book after purchase

https://amzn.to/2QeU4U5

Follow us on
Instagram

@Trilingual.Haggadah.Pesach

Contents

2

בדיקת וביעור חמץ

סדר בדיקת חמץ

בלילה שלפני ערב פסח בודקים את החמץ, וחייבים לבדוק מיד בתחילת הלילה,

ואסור להתחיל לאכול או לעשות שום מלאכה חצי שעה קודם הלילה.

יש נוהגים שקודם הבדיקה מניחים פתיתי לחם במקומות שימצאם הבודק, כי חוששים שמא לא ימצא כלום ותהא ברכה לבטלה, ונוהגים להניח עשרה פתיתים, וברור שמי שאינו בודק כראוי אלא שהוא מקבץ אלו הפתיתים לא קיים מצות בדיקה וברך ברכה לבטלה.

עבור בדיקת חמץ משתמשים באור הנר. אם אין ברשותו נר או במקום שיש חשש לשרפה ניתן להשתמש בפנס.

3

SEARCHING FOR CHAMETZ & ELIMINATING THEM

LAW OF CHAMETZ SEARCHING

On the night before Pesach, as soon as the stars appear, we conduct a solemn candle-lit search for any remaining or forgotten chametz. This mitzvah is called Bedikat Chametz. When Pesach begins on Saturday night, this is done on the Thursday night before Pesach.

To perform the bedika in its proper time, one is prohibited to engage in any work or eat a meal (however, a light snack is permitted) within a half an hour before the beginning of the night.

By this time, the house should be completely cleaned for Passover; hopefully, there's no chametz to be found. It is therefore customary to prepare ten pieces of bread to be hidden throughout the house for the searcher to find; because the bracha of bedikat chametz would be assumed levatela if nothing is found. These pieces of bread should be wrapped in paper or some other flammable wrapping (but not silver foil, as it does not burn).

It is obvious those who do not search properly and only collect those 10 pieces of bread would not fulfill this mitzvah and the recited bracha would be considered levatela.

We need a paraffin candle for searching to illuminate the hard-to-reach nooks and crannies. If one does

بررسی و از بین بردن خامص

آئین بررسی خامص

شب چهاردهم نیسان (شب قبل از آدینه‌ی پسح)، بلافاصله بعد از طلوع ستارگان باید تمام نقاط منزل را به دقت بازرسی نمود تا اگر احیاناً مواد خامص در آن باقی مانده باشد، آن را پیدا نموده و بعداً از بین برده شود. به این کار میصوای بدیقت خامص (בְּדִיקַת חָמֵץ) می‌گویند.

بنابراین به منظور اجرای این میصوا در زمان مناسب خودش، شروع هر گونه کار یا شروع به خوردن غذا از نیم ساعت قبل از ابتدای شب ممنوع می‌باشد.

قبل از رسیدن شب چهاردهم ماه نیسان، به طور معمول تمام خانه، تمیز و عاری از هر گونه خامص است. بنابراین رسم است قبل از شروع بدیقت خامص، ده قطعه نان در قسمت‌های مختلف خانه قرار داد تا در بررسی خامص، پیدا شوند. زیرا این طور تصور می‌شود که اگر در بررسی خامص، چیزی پیدا نشود، براخای گفته شده، لِوَتلا محسوب می‌گردد. این قطعات نان را بایستی در کاغذ یا در پوششی دیگر که قابل سوختن باشد (ولی در نه فویل آلمینیومی که قابل اشتعال نیست) پیچیده شوند.

پرواضح است کسانی که به درستی وارسی انجام نمی‌دهند و فقط به جمع‌آوری آن ده تکه نان مبادرت می‌ورزند، میصوای بدیقت خامص را انجام نداده‌اند و براخای گفته شده نیز لوتلا محسوب می‌شود.

برای بررسی خامص از شمع پارافینی یا مومی استفاده می‌شود. اگر شمع موجود نباشد و یا خطر

קודם בדיקת חמץ אומרים זה:

בָּרוּךְ אַתָּה אֲדֹנָי אֱלֹהֵינוּ מֶלֶךְ הָעוֹלָם, אֲשֶׁר קִדְּשָׁנוּ בְּמִצְוֹתָיו וְצִוָּנוּ עַל בִּיעוּר חָמֵץ:

ומיד אחר הבדיקה יבטלנו ויאמר:

כָּל חֲמִירָא דְּאִיכָּא בִּרְשׁוּתִי, דְּלָא חֲזִיתֵּיהּ, וּדְלָא בִעַרְתֵּיהּ, לִבְטִיל וְלֶהֱוֵי כְּעַפְרָא דְּאַרְעָא:

ואם אינו מבין בלשון תרגום, יאמר הבטול בלשון שמבין, בלשון הקודש או בלע"ז [וזה תרגומו ללשה"ק: "כל חמץ ושאור שיש ברשותי שלא ראיתיו, ושלא ביערתיו ושלא ידעתיו יבטל ויהיה הפקר כעפר הארץ"]. ואחר הבדיקה יזהר בחמץ שמשאיר להצניעו.

not have a candle or there is a fire hazard, he can use a small flashlight instead.

آتش‌سوزی وجود داشته باشد، می‌توان به جای آن از چراغ قوه‌ی کوچک و پُر نور استفاده کرد.

On the night before Pesach, as soon as the stars appear, the household gathers together. One lights the candle and recites the following blessing:

در شب قبل از پسح، به محض طلوع ستاره‌ها، تمام اعضای خانواده را جمع کرده، شمع را افروخته و براخای زیر را می‌گوییم:

בָּרוּךְ אַתָּה אֲדֹנָי אֱלֹהֵינוּ מֶלֶךְ הָעוֹלָם, אֲשֶׁר קִדְּשָׁנוּ בְּמִצְוֹתָיו וְצִוָּנוּ עַל בִּיעוּר חָמֵץ:

Blessed are You, Lord our God, King of the Universe, who has sanctified us with His commandments and has commanded us on the elimination of chametz.

متبارک هستی تو ای خداوند خالق ما، پادشاه عالم که مقدس نمود ما را با دستوراتش و دستور فرمود به ما بر از بین بردن خامص.

Then we carefully search the entire house for any chametz that may have been missed in the cleaning and collect the ten hidden pieces. We put the chametz in the paper bag, tie securely, and store in a safe place for burning on tomorrow morning. Now we gather the family back together and recite the “nullification (Bittul) statement,” renouncing all ownership of any chametz we may have missed:

سپس تمام خانه را برای یافتن و جمع‌آوری هر گونه خامصی که احیاناً در نظافت خانه جا مانده باشد و آن ده تکه نان، بازرسی می‌کنیم. خامص‌ها را در کیسه‌ی کاغذی گذاشته و درب آن را بسته و برای سوزاندن آن در صبح روز بعد، در جای امنی قرار می‌دهیم. حال دوباره تمام اعضای خانواده را جمع کرده و «متن بیتول کردن» (متن باطل نمودن) زیر را می‌خوانیم:

כָּל חֲמִירָא דְאִיכָּא בִרְשׁוּתִי, דְּלָא חֲזִיתֵיהּ, וּדְלָא בִעַרְתֵּיהּ, לִבְטִיל וְלֶהֱוֵי כְּעַפְרָא דְאַרְעָא:

סדר שריפת חמץ

בערב פסח בבוקר משכימין להתפלל. א"א מזמור לתודה, ולמנצח, ואל ארך אפים.

אוכלים עד תחילת שעה זמנית רביעית ושורפין בשעה זמנית חמישית. וצריך לחזור ולבטל החמץ פעם שנית, וטוב לבטלו לאחר ששרף החמץ כדי שיקיים מצות שריפה בחמץ שלו, ויעשה מדורה בפני עצמה וישרפנו.

ולאחר שריפת חמץ יבטלנו, ויאמר:

כָּל חֲמִירָא דְּאִכָּא בִרְשׁוּתִי, דַּחֲזִתֵּיהּ וּדְלָא חֲזִתֵּיהּ, דְּבִעַרְתֵּהּ וּדְלָא בִיעַרְתֵּיהּ, לִבְטִיל וְלֶהֱוֵי כְּעַפְרָא דְאַרְעָא:

זמן בדיקת חמץ וביעור חמץ בכל שנה הוא בי"ד בניסן. וכאשר י"ד בניסן חל בשבת מקדימים לבדוק חמץ בברכה בליל י"ג בניסן, ואחר הבדיקה מבטלים את החמץ שלא נמצא בבדיקה כמו בכל השנים.

All Chametz in my possession that I have not seen, and have not destroyed, shall be nullified like the dust of the earth.

It is necessary to understand the meaning of this text; thus one should say it in the language he or she understands.

LAW OF BURNING

In the morning of 14th of Nissan, we should wake up early for Tefila. We must not say "lamnatzeach", "mizmor le todah" and "viddui" in the tefila of shachrit.

The "day duration" is equal to the time between the dawn and the stars' appearance in the sky at night. One-twelfth of this time is called a "relative hour" or an "halachic hour."

On 14th of Nisan, we can eat chametz, until the end of the fourth relative hour of the day (one-third of day duration). We should eliminate the chametz until the end of the fifth relative hour of the day.

Chametz elimination takes place by burning. Burning chametz on this day is a mitzvah and is not considered as disrespect to bread. Yet, it is better to do it out of sight of non-Jewish people to avoid misunderstanding.

We take the bag with chametz from last night's search, plus any other leftover chametz that we're not going to sell, and burn them in fire.

هر نوع خامص یا خمیرمایه که در مالکیت من قرار دارد که آن را ندیده و از بین نبرده باشم، باطل بوده و به من تعلق نداشته باشد و مانند خاک زمین محسوب گردد.

لازم است فرد معنی این متن را متوجه شود؛ بنابراین بهتر است آن را به زبانی که می‌فهمد بخواند.

آئین سوزاندن خامص

صبح روز آدینه‌ی پسح، برای خواندن تفیلا، سحرخیزی نموده و باید توجه داشت که در متن تفیلای شخریت «لَمَنَصیحَ»، «میزمُر لِتُدا» و «ویدوی» گفته نمی‌شود.

«طول مدت روز» برابر با فاصله‌ی سپیده‌دم تا ظاهر شدن ستارگان در آسمان است که یک دوازدهم آن به عنوان «یک ساعت زمانی» در نظر گرفته می‌شود.

در روز آدینه‌ی پسح فقط تا پایان ساعت زمانی چهارم (یعنی تا یک سوم از طول روز) می‌توان خامص خورد و باید خامص‌ها تا پایان ساعت زمانی پنجم، از بین برده شوند.

از بین بردن خامص در روز آدینه‌ی پسح با سوزاندن انجام می‌گیرد. سوزاندن خامص در این روز میصوا است و بی‌احترامی به مواد غذایی محسوب نمی‌شود. با این وجود صحیح نیست که این عمل در نظر افراد غیر یهودی انجام گیرد تا مبادا آن‌ها این عمل را به عنوان خوار کردن نان و... تلقی کنند.

آن کیسه با خامص‌های یافت شده از شب قبل به اضافه‌ی هر گونه خامص جامانده که نمی‌خواهیم بفروشیم را آورده و آتشی افروخته و تمام

ולמחרת ביום שישי שורפים את החמץ שנמצא בבדיקה. וטוב לשרפו עד שעה שישית, כפי ששורפים בשנים רגילות, כדי שלא תשתרש בלב הרואים טעות, ויבואו לשרוף את החמץ גם בשנים אחרות בשעה מאוחרת (שו"ע תמד, א-ב.).

בסעודת שחרית בשבת, שוב מקדשים ואוכלים פת במקום שאינו מיועד לאכילה בפסח. ולאחר שמסיימים לאכול את מה שרצו מהפת, מנערים את הבגדים מהפירורים, שוטפים את הפה משיירי חמץ, אוספים את כל הפירורים והמאכלים שהיו עם החמץ וזורקים אותם לשירותים, מורידים את המים, ובזה אנו מבערים אותם מהעולם.

אם אכלו בכלים חד פעמיים, אוספים את הכלים לשקית וזורקים אותה לפח האשפה שברחוב. אם אכלו בכלים רגילים, שוטפים אותם, ומטמינים אותם יחד עם כלי החמץ.

כדי להקל על ביעור החמץ, נוהגים לתכנן היטב את מאכלי השבת, כך שיהיה קל לאסוף את שיירי החמץ שלהם ולבערם. אולם אין לחסוך כל כך בכמות הפת שמשאירים, כי בכל מקרה את הנותר אפשר לזרוק בשירותים ולבער, או אפילו לזרוק למקום הפקר כמו פח אשפה שנמצא ברחוב. ואין בזה איסור "בל תשחית", כי כך המצווה - לבער את החמץ.

לאחר ביעור כל שיירי החמץ אומרים את נוסח ביטול חמץ, ובזה גומרים לבער את החמץ מהעולם. לאחר מכן עוברים לאכול על שולחן האוכל הכשר לפסח, ואוכלים תבשילים כשרים לפסח בכלי פסח, ושם מברכים בסיום הסעודה את ברכת המזון.

9

After the chametz is burnt, we recite the following final "nullification statement," renouncing all ownership of any chametz that may still remain in our possession:

خامص‌ها را در آن می‌سوزانیم.

بعد از آنکه تمامی خامص‌ها سوزانده شدند، «متن بیتول کردن» (متن باطل کردن) آخر زیر را می‌خوانیم:

כָּל חֲמִירָא דְאִכָּא בִרְשׁוּתִי, דַּחֲזִתֵּיה וּדְלָא חֲזִתֵּיה, דְּבִעַרְתֵּה וּדְלָא בִיעַרְתֵּיה, לִבְטִיל וְלֶהֱוֵי כְּעַפְרָא דְאַרְעָא:

All chametz in my possession that I have seen and that I have not seen that I have destroyed and that I have not destroyed, shall be nullified like the dust of the earth."

هر نوع خامص و یا خمیرمایه‌ای که در اختیار من است، چه آن را دیده و چه ندیده‌ام؛ چه آن را از بین برده باشم و چه از بین نبرده باشم، همه باطل بوده و به من تعلق نداشته باشد و مانند خاک زمین محسوب گردد.

When the day before Pesach falls on Shabbat, the bedikat chametz takes place one night earlier (on the night of the 13th of Nisan). We burn the chametz on Friday morning, but we don't recite the final nullification (bittul) statement. On the Shabbat morning, after breakfast, we carefully collect any crumbs and remaining pieces of chametz from Shabbat meal and flush them down the toilet. Then we read the final nullification (bittul) statement.

چنانچه روز اول پسح در روز یکشنبه واقع شود، بدیقت خامص در شب جمعه‌ی قبل از پسح (شب ۱۳ نیسان) و عمل سوزاندن در صبح روز جمعه انجام می‌گیرد ولی متن باطل کردن خوانده نمی‌شود. در صبح روز شبات بعد از خوردن صبحانه، تمامی خامص‌های باقی مانده از غذای شبات را با دقت جمع‌آوری نموده و آن‌ها را در دستشویی ریخته و سیفون را می‌کشیم تا از بین بروند. سپس متن بیتول کردن (متن باطل کردن) آخر خوانده می‌شود.

קערת פסח

לפני תחילת ליל הסדר יש להכין קערה שבה מונחים כל המאכלים המיוחדים של ליל הסדר. כל מאכל נועד להזכיר רעיון מסוים ועל ידי עריכתם בקערה אנחנו מדגישים את המשמעויות המיוחדות של ליל הסדר.

הקערה מכילה שלוש מצות, מרור (חסה או חזרת), כרפס וחרוסת. כשבית המקדש היה קיים היו מניחים גם את בשר קרבן פסח על השולחן, ומאז נחרב המקדש תקנו חכמים להניח בקערה שני תבשילים, אחד זכר לקרבן פסח והשני זכר לקרבן חגיגה שהיו מקריבים בכל יום טוב.

המנהג הוא שהתבשיל לזכר קרבן פסח יהיה זרוע (רגל קדמית של בהמה ואו כנף עוף) והתבשיל לזכר קרבן חגיגה יהיה ביצה מבושלת.

למה דווקא ביצה זכר לקרבן חגיגה? ראשית, ביצה היא מאכל שמגישים לאבלים לרמוז ש'גלגל חוזר בעולם', ואף אנו מתנחמים שבמהרה יבנה בית המקדש ונוכל להקריב את קרבן הפסח וקרבן החגיגה. הסבר נוסף לביצה: שמה של הביצה בארמית 'ביעא', כלומר בקשה, והיא רומזת בקשתנו שה' ישוב ויגאלנו.

ברוב קהילות ישראל נהוג שלא לאכול את הזרוע בליל הסדר.

יש הנוהגים לקחת למרור רק חסה, ויש הנוהגים לקחת גם חסה וגם חזרת: את החסה אוכלים ב'מרור', ואת החסרת - ב'כורך'.

11

THE SEDER PLATE

سینی پسح

Before the beginning of the Seder night, a large plate should be ready to place all the special seder foods on it. Every food is a special symbol, and we emphasize their symbolic meaning by placing them on a plate.

Three matzot, marror (lettuce or horseradish), celery and charoset are placed on the plate. At the time of Bet Hamikdash, beside these foods, the meat of the Korban Pesach was also placed on the table. After the destruction of the Bet Hamikdash, our sages ordered to place two other foods on the plate; one, in memory of the Korban Pesach (passover sacrifice) and the other one, in memory of the Korban Chagigah (festival sacrifice) which was sacrificed on Yum Tovs.

It is customary to use "Zeroa" (roasted chicken wing or lamb shank bone) as the memory of Korban Pesach and "boiled egg" as the memory of Korban Chagigah.

There are two reasons for using egg. First, the egg is the first food served to the mourners to indicate that "the world is a rotary wheel". Mourning for the destruction of the Bet Hamikdash, we still hope for it to be reconstructed soon to be able to sacrifice the Korban Pesach and Korban Chagigah again. Second, the name of the egg in Aramaic is "Bi'aah", which means "Request". This refers to our request from God to save us.

In most Jewish communities, it is customary not to eat Zeroa during the Seder.

قبل از شروع شب صِدر، باید یک سینی بزرگ آماده شود که روی آن تمام خوراکی‌های ویژه‌ی شب صِدر چیده شود. هر خوراکی به منزله‌ی یک نماد خاص است و با چیدن آنها در یک سینی، بر معنای نمادین آنها تأکید می کنیم.

روی سینی، سه عدد مصا، مارُر (کاهوی رومی یا تُرُب کوهی)، کرفس و حَلَق (خَروسِت) قرار می‌گیرد. در زمان بت همیقداش، علاوه بر این‌ها، گوشت قربان پسح نیز روی میز قرار داده می‌شد. بعد از خرابی بت همیقداش، ربانیم دستور دادند که دو خوراکی دیگر در سینی قرار گیرد. یکی به یادبود قربان پسح و دیگری به یادبود قربان خگیگا که در یوم طووها قربانی می‌شد.

رسم است که از «زروعَ» (بازو یا بال مرغ یا ساق پای گوسفند کبابَ شده) به عنوان یادبود قربان پسح و از تخم‌مرغ آب‌پز به عنوان یادبود قربان خگیگا استفاده شود.

علت استفاده از تخم‌مرغ این است که اولاً تخم‌مرغ آب‌پز اولین غذایی است که برای عزاداران سرو می‌شود؛ زیرا تخم‌مرغ نماد «چرخ گردان دنیاست» و به ما یادآوری می کند که ما با وجودی که عزادار خرابی بت همیقداش هستیم همچنان به آبادی زودهنگام آن امیدواریم تا بار دیگر بتوانیم مراسم قربان پسح و قربان خگیگا را اجرا کنیم. ثانیاً نام تخم‌مرغ در زبان آرامی «بیعا» است که به معنی «درخواست و خواهش» است و این به درخواست ما از خداوند برای نجات ما اشاره دارد.

در اکثر جوامع یهودی، رسم بر این است که در شب صِدِر، زِروعَ خورده نمی‌شود.

הספרדים וחלק מהאשכנזים מסדרים את הקערה לפי מנהג האר"י הקדוש: האר"י מסדר את המאכלים בקערה ע"פ סדר הספירות בקבלה. בתחילה מסדר שלוש מצות אחת על גבי השניה, שהם כנגד ספירות חכמה בינה ודעת דאבא עלאה ואותם מניחים בקצה הרחוק של הקערה - בקו האמצע. אחריהן, יותר קרוב לבעה"ב בצד ימין את הזרוע שכנגד החסד, ובשמאלה הביצה שהיא כנגד הגבורה. מתחתיהם בקו האמצע את המרור שהוא רומז לתפארת. מתחתיו החרוסת בצד ימין מפני שהיא רומזת לנצח, ולימינה הכרפס שהוא רומז להוד. הכי קרוב לבעה"ב יש להניח את המרור (לכורך) שהיא רמז ליסוד. והקערה היא הכוללת את כולם והיא כנגד המלכות.

לדעת הרמ"א, יש להניח קרוב יותר לעורך הסדר את הדברים שמגיעים אליהם מוקדם יותר בסדר. הנוהגים לפי הרמ"א יניחו את הכרפס ואת מי המלח במקום הקרוב ביותר לעורך הסדר, אחריהם יניחו את המצות, אחריהן יניח את המרור והחרוסת, ולבסוף את הזרוע והביצה.

המצות בקערה צריכות להיות מכוסות במפית בזמן הקידוש ובזמן הגבהת הכוס השנייה, וגלויות בכל שאר הזמן. הנוהגים לפי האר"י גם מפרידים במפית בין מצה למצה בשלוש המצות שבקערה.

אין צורך להניח קערת סדר לפני כל אחד מהמשתתפים, או אפילו לפני הילדים הנשואים המשתתפים בסדר בבית ההורים. יש הנוהגים להניח שלוש מצות לפני כל אב משפחה, אבל קערת הסדר מונחת רק לפני עורך הסדר.

13

Some use only romaine lettuce for the marror, while others use both lettuce and horseradish. Lettuce is used for the "Marror" stage and the horseradish for the "Korech" stage but since according to Halacha the horseradish is not a good choice for marror, it is better to use only Romaine lettuce for both Marror and Korech.

Although romaine lettuce is not initially bitter but becomes so later on, that is symbolic of the experience of the Jews in Egypt. The "later" bitterness of lettuce may refer to a bitter aftertaste. Alternatively, it may refer to fact that lettuce plants become bitter after they "bolt" (flower), a process which occurs naturally when days lengthen or temperatures rise.

The Seder plate arrangement based on Arizal's teaching alludes to the ten kabbalistic sefirot. This arrangement is practiced today by most Sephardic and even some Ashkenazim.

Arizal's arrangement is as follows: The three matzot are on top, corresponding to the sefirot of "Chokhma" (Wisdom), "Bina" (Understanding), and "Da'at" (Knowledge). Under the matzot, on the right is the zero'a, corresponding to the sefira of "Chesed" (Kindness), and on the left is the egg, corresponding to "Gevura" (Severity). Underneath them in the middle is the maror, which corresponds to "Tiferet" (Beauty). Below the maror on the right is the "charoset", corresponding to "Netzach" (Eternity), and on the left is the karpas, corresponding to "Hod" (Glory). Underneath them in the center is the maror used for the korekh sandwich, corresponding to the sefira of "Yesod" (Foundation). The plate itself corresponds to the sefira of

برخی رسم دارند که برای مارُر فقط از کاهوی رومی استفاده کنند در حالی که بعضی دیگر، هم از کاهو و هم از تُرُب کوهی استفاده می‌کنند. کاهو برای مرحله‌ی «مارُر» و ترب کوهی برای مرحله‌ی «کُرِخ» مورد استفاده قرار می‌گیرد. ولی از آنجایی که بر طبق هلاخا، تُرُب کوهی گزینه‌ی مناسبی برای مارُر نیست، بهتر است فقط از کاهوی رومی برای هر دو مرحله‌ی مارر و کرخ استفاده گردد.

اگرچه مزه‌ی کاهو در ابتدا تلخ نیست ولی ته مزه‌ی آن در دهان، تلخ است. همچنین برگ‌های بزرگ بیرونی آن دارای شیرابه‌ی خاکستری است که بسیار تلخ می‌باشد و در صورت رشد بیشتر و گل‌دهی، مزه‌ی کاهو به کلی به تلخی می‌گراید. این نمادی از تجربه‌ی یهودیان در مصر است، زیرا به مرور زمان زندگی برای آنها تلخ‌تر می‌شد.

سفاردی‌ها و بخشی از جوامع اشکنازی، بر طبق نظر هاریزال هَقادوش اقلام خود را در سینی پسح به ترتیب می‌چینند. چیدمان هاریزال، بر اساس ترتیب الگوی ده صِفیرای قبالا تنظیم شده است.
بر اساس این چیدمان، سه عدد مصا در بالا، مطابق با صفیراهای «خُخما» (عقل) و «بینا» (بینش) و «دَعَت» (دانش) قرار داده می‌شود.
پایین این سه مصا، در سمت راست، زِروعَ، مطابق با صفیرای «خِسِد» (مهربانی) و در سمت چپ، تخم‌مرغ مطابق با صفیرای «گِوُراه» (شدّت) گذاشته می‌شود.
پایین این دو در وسط، مارُر مطابق با صفیرای «تیفئِرت» (زیبایی) قرار می‌گیرد.
سپس در پایین سمت راست، حَلَق مطابق با صفیرای «نِتصَخ» (جاودانگی) و در سمت چپ، کرفس مطابق با صفیرای «هُد» (شکوه و جلال) چیده می‌شود.
در ردیف آخر نیز در وسط، مارُری که برای کُرِخ استفاده می‌شود، مطابق با صفیرای «یِسُد» (پایه) قرار می‌گیرد. خود سینی مطابق با

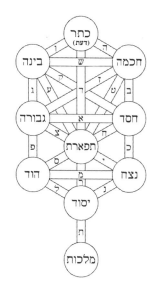

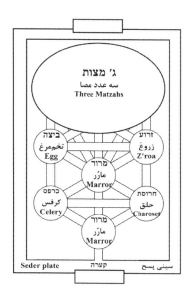

תמונה עליונה: דפוס הספירות בקבלה
תמונה תחתונה: תמונה סכמטית של קערת פסח על פי האר"י

Top image: The pattern of Sefirot in Kabbalah
Bottom image: A schematic image of Seder Plate according to Arizal

تصویر بالا: الگوی صفیراهای قبالا
تصویر پایین: طرح شماتیک سینی پسح بر طبق نظر هاریزال

"Malkhut" (Kingship) (Kaf Ha-chayim 473:58).

As it is evident in the image, there are two places for the marror in the Harizal plate. Because there are two occasions for marror in the Haggadah. One is the Marror Stage itself and the other is Korech which the marror is sandwiched with matza. Harizal has distinguished these two, based on kabbalistic sefirot.

Some put lettuce in the position of the central marror and grated horseradish in the place of marror in the last row which belongs to the Korech. But as mentioned, the horseradish is not a good option for marror. So it is correct to put the lettuce for the marror in the last row of the plate as well. So for those who want to have a seder plate based on Harizel's opinion, there will be two positions for marror, which lettuce laid in both.

It is necessary to cover the three matzas placed on the Seder plate by a special cover during the Kiddush, as well as when the second cup is held. According to Harizal, it is also customary to lay cloths between all three matzas to separate each piece from another.

It is not necessary to place a Seder plate before each participant or even before each married participant. Rather, it is enough to place the plate before the Seder leader (Shulchan Aruch 473:17).

Notice that the foods on the seder plate are only samples. Obviously, the proper amount of matza, marror, etc. for all attendances at the Seder must be prepared separately.

صفیرای «مَلخوت» (پادشاهی) می‌باشد (کَف هَخَییم۵۸:۴۷۳).

همان‌طور که در شکل مشخص است در سینی هاریزال، دو جایگاه برای مارُر در نظر گرفته شده است. زیرا در خواندن هگادا، دو موقعیت برای مارُر وجود دارد، یکی خود مرحله‌ی مارُر و دیگری مرحله‌ی کُرِخ که مارُر با مصا پیچیده و بدون براخا خورده می‌شود. هاریزال بر اساس صفیراهای قبالا این دو را جدا در نظر گرفته است.

برخی، در جایگاه مارُر مرکزی، کاهو و در جایگاه مارُر پایین که متعلق به مرحله‌ی کُرِخ است، تُرُب کوهی رنده شده می‌گذارند. ولی همان‌طور که گفته شد تُرُب کوهی گزینه‌ی مناسبی برای مارُر نیست. بنابراین صحیح است که برای مارُر در پایین سینی نیز کاهو گذاشته شود. پس برای کسانی که می‌خواهند سینی پسح بر اساس نظر هاریزال داشته باشند دو جایگاه برای مارُر وجود خواهد داشت که در هر دو، کاهو گذاشته می‌شود.

لازم است که مصای قرار داده شده در سینی پسح در خلال قیدوش و نیز در هنگامی که پیاله‌ی دوم در دست گرفته می‌شود به وسیله‌ی پارچه‌ای پوشانده شود. بر اساس نظر هاریزال نیز رسم است که بین هر سه مصا، پارچه‌ای گذاشته شود تا هر مصا از مصای دیگر جدا شود.

نیازی نیست که جلوی هر کس یا هر زوجی که در مراسم شرکت می‌کند یک سینی پسح گذاشته شود، بلکه فقط کافی است یک سینی برای اجرا کننده‌ی مراسم، در نظر گرفته شود (شولحان عاروخ۱۷:۴۷۳).

باید توجه داشت که نمونه‌های کمی از این خوراکی‌ها در سینی پسح به عنوان نماد قرار داده و واضح است که جداگانه مقدار کافی از این خوراکی‌ها، مثل مصا، تخم‌مرغ، کاهو و... بر اساس تعداد افراد حاضر در مجلس روی میز گذاشته می‌شود.

הגדה

אחרי שכל בני הבית התישבו מסביב לשולחן, בקול רם ונעים שרים:

קַדֵּשׁ. וּרְחַץ. כַּרְפַּס. יַחַץ.
מַגִּיד. רָחְצָה. מוֹצִיא. מַצָּה.
מָרוֹר. כּוֹרֵךְ. שֻׁלְחָן עוֹרֵךְ.
צָפוּן. בָּרֵךְ. הַלֵּל. נִרְצָה:

מילים הנ"ל הם ט"ו שלבים המרכיבים את האגדה וכן עושים כך לפי סידרם.

קדש

מוזגין לו כוס ראשון ומקדש עליו

כל אחד מבני הבית יקח כוסו בידו ויעמוד, והמקדש יקבל את הכוס בשתי ידיו משתי ידיו של אדם אחר, ואחר כך יאחזנו רק בימין ויקדש ויכוין להוציא את השומעים ידי חובתם וגם הם יכונו לצאת ידי חובה

אם חל בשבת אומר "שלום עליכם", "אשת חיל", "ואתקינו סעדתא" ומדלג "אזמר בשבחין". ואחר כך אומרים

מִזְמוֹר לְדָוִד יְהֹוָה רֹעִי לֹא אֶחְסָר: בִּנְאוֹת דֶּשֶׁא יַרְבִּיצֵנִי עַל־מֵי

HAGGADAH

هگادا

After sitting around the table, we all sing Kaddesh, Orchatz along with each other with a loud voice:

پس از اینکه تمامی اهل مجلس دور میز نشستند، همگی با هم و با صدای بلند و آهنگ خوش، قدش اورختص را می‌خوانیم:

Kaddesh, Urchatz, Karpas, Yachatz
Maggid, Rochtzah, Motzi, Matzah
Marror, Korech, Shulchan Orech
Tzafun, Barech, Hallel, Nirtzah:

قَدِش، اورخَتص، کَرپَس، یَخَتص،
مَگید، رُختصا، مُتصی، مَتصا،
مارُر، کُرِخ، شولخان عُرِخ،
صافون، بارِخ، هَلِل، نیرتصا:

The above words refer to the fifteen Haggadah-forming sequences, which should be sequentially carried out on each of Seder nights.

کلمات فوق اشاره به پانزده مرحله‌ی تشکیل دهنده‌ی هگادا دارند که باید در هر یک از شب‌های صِدِر به ترتیب انجام گیرند.

KADDESH

قدش

We cover matzot and pour the first cup and make Kiddush over it.

روی مصاها را پوشانده و اولین پیاله را پر از یائین نموده و روی آن قیدوش می‌گوییم.

Every person in the household stands up, holding their cup. The one making Kiddush receives the cup with both hands from another one and then holds it with right hand. He should have in mind to fulfill everyone else's obligation of reciting Kiddush and they in return, have in mind to fulfill their obligation.

همه‌ی اهالی مجلس پیاله‌های خود را دست گرفته و می‌ایستند. یکی از اهل مجلس پیاله‌ای را که متعلق به بزرگ مجلس است دو دستی به ایشان تقدیم می‌کند. بزرگ مجلس نیز پیاله را دودستی از او گرفته و آن را در دست راست نگه می‌دارد و نیت می‌بندد که شنوندگان را از انجام وظیفه بیرون آورد و اهالی مجلس نیز نیت می‌بندند که با شنیدن قیدوش از انجام وظیفه بیرون آیند.

If Pesach falls on Shabbat one should say «Shalom Aleichem», «Eshet Hayil»,«Atkenu Se'udatah» and then skips «Azamer Bishvahin» and continues.

در صورتی که یوم طوو پسح، در شبات واقع شود، ابتدا «شالُم عَلِخِم»، «اِشِت خَیِل»، «اَتقینو صِعوداتا»، به غیر از «اَزَمیر بیشواخین» خوانده می‌شود و سپس قیدوش از قسمت زیر شروع می‌گردد.

A song of David. The Lord is my shepherd; I shall not want. He causes me to lie down in green pastures; He leads me beside still

سرودی از داوید: خداوند شبان من است؛ محتاج به هیچ‌چیز نخواهم بود. در مرتع‌های سبز مرا

מְנֻחוֹת יְנַהֲלֵנִי: נַפְשִׁי יְשׁוֹבֵב יַנְחֵנִי בְמַעְגְּלֵי־
צֶדֶק לְמַעַן שְׁמוֹ: גַּם כִּי־אֵלֵךְ בְּגֵיא צַלְמָוֶת
לֹא־אִירָא רָע כִּי־אַתָּה עִמָּדִי שִׁבְטְךָ
וּמִשְׁעַנְתֶּךָ הֵמָּה יְנַחֲמֻנִי: תַּעֲרֹךְ לְפָנַי |
שֻׁלְחָן נֶגֶד צֹרְרָי דִּשַּׁנְתָּ בַשֶּׁמֶן רֹאשִׁי כּוֹסִי
רְוָיָה: אַךְ | טוֹב וָחֶסֶד יִרְדְּפוּנִי כָּל־יְמֵי חַיָּי
וְשַׁבְתִּי בְּבֵית־יְהֹוָה לְאֹרֶךְ יָמִים:

יוֹם הַשִּׁשִּׁי: וַיְכֻלּוּ הַשָּׁמַיִם וְהָאָרֶץ וְכָל־
צְבָאָם: וַיְכַל אֱלֹהִים בַּיּוֹם הַשְּׁבִיעִי
מְלַאכְתּוֹ אֲשֶׁר עָשָׂה וַיִּשְׁבֹּת בַּיּוֹם הַשְּׁבִיעִי
מִכָּל־מְלַאכְתּוֹ אֲשֶׁר עָשָׂה: וַיְבָרֶךְ אֱלֹהִים
אֶת־יוֹם הַשְּׁבִיעִי וַיְקַדֵּשׁ אֹתוֹ כִּי בוֹ שָׁבַת
מִכָּל־מְלַאכְתּוֹ אֲשֶׁר־בָּרָא אֱלֹהִים לַעֲשׂוֹת:

אם חל יום טוב בחול מתחילים מכאן

אֵלֶּה מוֹעֲדֵי יְהֹוָה מִקְרָאֵי קֹדֶשׁ אֲשֶׁר־
תִּקְרְאוּ אֹתָם בְּמוֹעֲדָם:

וַיְדַבֵּר מֹשֶׁה אֶת־מֹעֲדֵי יְהֹוָה אֶל־בְּנֵי
יִשְׂרָאֵל:

סַבְרִי מָרָנָן ועונים לְחַיִּים

waters. He restores my soul; He leads me in paths of righteousness for His name's sake. Even when I walk in the valley of darkness, I will fear no evil for You are with me; Your rod and Your staff-they comfort me. You set a table before me in the presence of my adversaries; You anointed my head with oil; my cup overflows. May only goodness and kindness pursue me all the days of my life, and I will dwell in the house of the Lord for length of days.

The sixth day. And the heaven and the earth were finished, and all their host. And on the seventh day God finished His work which He had done; and He rested on the seventh day from all His work which He had done. And God blessed the seventh day, and sanctified it; because He rested on it from all of His work which God created in doing.

If Pesach falls out in a weekday, one starts from here:

These are the appointed feasts of the Lord, the holy convocations, which you shall proclaim at the time appointed for them.

And Moshe declared the appointed feasts of the Lord to the children of Israel.

with your permission my masters

(the others answer) to life

می‌خواباند، بر آب‌های آرام هدایتم می‌کند. و جان مرا تازه می‌سازد. او به خاطر نام پرشکوه خود مرا به راه راست، رهبری می‌کند. حتی اگر از دره‌ی تاریک نیز عبور کنم، نخواهم ترسید، زیرا تو، ای شبان من، با من هستی! عصا و چوبدستی تو به من قوت قلب می‌بخشد. در برابر چشمان دشمنانم سفره‌ای برای من می‌گسترانی، سر مرا با روغن مسح می‌گردانی و جامم را لبریز می‌سازی. در طول عمر خود، نیکویی و رحمت تو، ای خداوند، همراه من باشد و من تا ابد در خانه‌ی تو ساکن شوم.

روز ششم: کار خلقت آسمان و زمین و تمام متعلقات آن‌ها خاتمه یافت. خداوند در روز هفتم کار خود را که عملی کرده بود به انجام رسانید و در روز هفتم از تمام کاری که عملی کرده بود آرام گرفت. خداوند روز هفتم را متبرک ساخت و آن را تقدیس نمود زیرا در آن روز از تمام کاری که خداوند آفریده بود تا آن را به انجام برساند آرام گرفت.

در صورتی که یوم طوو پسح در شبات واقع نشود، قیدوش از اینجا شروع می‌گردد:

این‌ها، اعیاد مقدس خوانده شده‌ی خداوند هستند که آن‌ها را در موقع خودشان اعلام نمایید.

مُشه، اعیاد خداوند را به بنی ایسرائل بیان نمود.

با اجازه‌ی سروران

(حضار جواب می‌دهند:) برای سلامتی

בָּרוּךְ אַתָּה יְהֹוָה. אֱלֹהֵינוּ מֶלֶךְ הָעוֹלָם. בּוֹרֵא פְּרִי הַגָּפֶן:

בָּרוּךְ אַתָּה יְהֹוָה. אֱלֹהֵינוּ מֶלֶךְ הָעוֹלָם. אֲשֶׁר בָּחַר בָּנוּ מִכָּל-עָם וְרוֹמְמָנוּ מִכָּל-לָשׁוֹן. וְקִדְּשָׁנוּ בְּמִצְוֹתָיו. וַתִּתֶּן לָנוּ יְהֹוָה אֱלֹהֵינוּ בְּאַהֲבָה. (בשבת שַׁבָּתוֹת לִמְנוּחָה וּ) מוֹעֲדִים לְשִׂמְחָה. חַגִּים וּזְמַנִּים לְשָׂשׂוֹן. אֶת (בשבת יוֹם הַשַּׁבָּת הַזֶּה וְאֶת) יוֹם חַג הַמַּצּוֹת הַזֶּה. וְאֶת יוֹם טוֹב מִקְרָא קֹדֶשׁ הַזֶּה. זְמַן חֵרוּתֵנוּ. בְּאַהֲבָה מִקְרָא קֹדֶשׁ זֵכֶר לִיצִיאַת מִצְרָיִם. כִּי בָנוּ בָחַרְתָּ וְאוֹתָנוּ קִדַּשְׁתָּ מִכָּל-הָעַמִּים. (בשבת וְשַׁבָּתוֹת וּ) מוֹעֲדֵי קָדְשֶׁךָ (בשבת בְּאַהֲבָה וּבְרָצוֹן) בְּשִׂמְחָה וּבְשָׂשׂוֹן הִנְחַלְתָּנוּ. בָּרוּךְ אַתָּה יְהֹוָה. מְקַדֵּשׁ (בשבת הַשַּׁבָּת וְ) יִשְׂרָאֵל וְהַזְּמַנִּים:

במוצאי שבת מוסיפים

בָּרוּךְ אַתָּה יְהֹוָה. אֱלֹהֵינוּ מֶלֶךְ הָעוֹלָם. בּוֹרֵא מְאוֹרֵי הָאֵשׁ:

בָּרוּךְ אַתָּה יְהֹוָה. אֱלֹהֵינוּ מֶלֶךְ הָעוֹלָם.

21

Blessed are You, Lord our God, King of the universe, who creates the fruit of the vine.

Blessed are You, Lord our God, King of the universe, who has chosen us from all peoples and has raised us above all tongues and has sanctified us with His commandments. And You have given us, Lord our God, [Shabbats for rest], appointed times for happiness, holidays and special times for joy, [this Shabbat day, and] this Festival of Matsot, our season of freedom [in love] a holy convocation in memory of the Exodus from Egypt. For You have chosen us and sanctified us above all peoples. In Your gracious love, You granted us Your [holy Shabbat, and] special times for happiness and joy. Blessed are You, O Lord, who sanctifies [the Shabbat,] Israel, and the appointed times.

On Saturday night one says:

Blessed are You, Lord our God, King of the universe, who creates the light of the fire.

Blessed are You, Lord our God, King of the universe, who distinguishes between the holy and the profane, between light

متبارک هستی تو ای خداوند خالق ما، پادشاه عالم، که میوه‌ی مو را آفریده‌ای.

متبارک هستی تو ای خداوند خالق ما، پادشاه عالم، که ما را از بین همه‌ی اقوام انتخاب کردی و بر همه‌ی ملل برتری دادی و به وسیله‌ی فرامینت تقدیس نمودی. ای خدای خالق ما، تو (در شبات: شبات‌ها را برای استراحت)، مُعِدها را برای خوشحالی، جشن‌ها و اعیاد مذهبی را برای شادمانی، (در شبات: این روز شبات) و این روز عید فطیر و این روز خوشی و مقدس خوانده شده را که سالروز آزادی ما است و به یادبود خروج از مصر با محبت، مقدس خوانده شده است با مهربانی به ما عطا فرمودی. چون که ما را انتخاب کردی و از بین کلیه‌ی اقوام تقدیس نمودی (در شبات: و شبات‌ها) و اعیاد مقدست را (در شبات: با محبت و رضایت خاطر و) با خوشحالی و شادمانی نصیب ما فرمودی. متبارک هستی تو ای خداوند تقدیس کننده‌ی (در شبات: شبات و) ملت ایسرائل و اعیاد مذهبی.

در شب یک شبات، این قسمت اضافه می‌گردد:

متبارک هستی تو ای خداوند خالق ما، پادشاه عالم، که انوار آتش را آفریده‌ای.

متبارک هستی تو ای خداوند خالق ما پادشاه عالم که بین مقدس و غیر مقدس، بین روشنایی و تاریکی، بین

הַמַּבְדִּיל בֵּין קֹדֶשׁ לְחֹל. וּבֵין אוֹר לְחשֶׁךְ. וּבֵין יִשְׂרָאֵל לָעַמִּים. וּבֵין יוֹם הַשְּׁבִי עִי לְשֵׁשֶׁת יְמֵי הַמַּעֲשֶׂה. בֵּין קְדֻשַּׁת שַׁבָּת לִקְדֻשַּׁת יוֹם טוֹב הִבְדַּלְתָּ. וְאֶת יוֹם הַשְּׁבִיעִי מִשֵּׁשֶׁת יְמֵי הַמַּעֲשֶׂה הִקְדַּשְׁתָּ וְהִבְדַּלְתָּ. וְהִקְדַּשְׁתָּ אֶת עַמְּךָ יִשְׂרָאֵל בִּקְדֻשָּׁתֶךָ. בָּרוּךְ אַתָּה יְהֹוָה. הַמַּבְדִּיל בֵּין קֹדֶשׁ לְקֹדֶשׁ:

בָּרוּךְ אַתָּה יְהֹוָה. אֱלֹהֵינוּ מֶלֶךְ הָעוֹלָם. שֶׁהֶחֱיָנוּ וְקִיְּמָנוּ וְהִגִּיעָנוּ לַזְּמַן הַזֶּה:

וישתו בהסבה

ורחץ

יטול ידיו בשביל טבול הכרפס ולא יברך על נטילת ידים כי כל דבר שטבולו באחד משבעה משקין צריך נטילה ואשרי הנזהר ליטול ידיו לטיבול משקה בכל השנה

and darkness, between Israel and the nations, between the seventh day and the six working days. You have distinguished between the holiness of the Shabbat and the holiness of the Festival, and You have sanctified the seventh day above the six working days. You have distinguished and sanctified Your people Israel with Your holiness. Blessed are You, O Lord, who distinguishes between the holy and the holy.

ایسرائل و سایر اقوام و بین روز هفتم و شش روز هفته که کار کردن در آن‌ها مجاز است فرق گذاشته‌ای. بین قدوسیت شبات و قدوسیت عید، تفاوت قرار دادی و روز هفتم را از شش روز دیگر هفته که کار کردن در آن مجاز می‌باشد مقدس‌تر کردی و بین همه‌ی آن‌ها فرق قائل شدی و قومت ایسرائل را با قدوسیت خود تقدیس نمودی. متبارک هستی تو خدایی که بین یک مقدس و مقدس دیگری تفاوت نهاده‌ای.

Blessed are You, Lord our God, King of the universe, who has granted us life and sustenance and permitted us to reach this season.

متبارک هستی تو ای خداوند خالق ما، پادشاه عالم، که ما را زنده گذاردی، بر پا نگاه داشتی و به این زمان رساندی.

We drink the cup of wine while leaning on the left side.

سپس همگی اهل مجلس بر جای خود نشسته و با تکیه دادن روی آرنج چپ، پیاله را تا آخر می‌نوشند.

URCHATZ

اورختص

“Urchatz” means “And Wash”.

«اورختص» به معنی «و بشوید» است.

Before dipping Karppas in vinegar (or saltwater), One should wash their hands according to the halacha but without a blessing. Also during the whole year, it is correct to wash hands without a blessing prior to dip any kind of food in the liquids.

قبل از فرو کردن کرفس در سرکه (و یا آب نمک) دستان خود را طبق هلاخا، نطیلا گرفته ولی برآن براخا گفته نمی‌شود. صحیح است که در تمام سال نیز، فرد قبل از فرو کردن هر نوع خوراکی در مایعات، دستان خود را بدون براخا، نطیلا بگیرد.

כרפס

יקח כרפס פחות מכזית כדי שלא יתחייב בברכה אחרונה ויטבל אותו במי המלח או חומץ ויברך ויכוין לפטור בברכה זו גם אכילת מרור

בָּרוּךְ אַתָּה יְהֹוָה. אֱלֹהֵינוּ מֶלֶךְ הָעוֹלָם. בּוֹרֵא פְּרִי הָאֲדָמָה:

ויאכל אותו בלי הסבה ויזהר להשאיר מהכרפס כדי שיהיה סוד הקערה שלם עד אכילת מצה ומרור.

יחץ

יקח מצה האמצעית ויחלקנה לשני חלקים חלק אחד גדול כצורת "ו" ויצניענו לאפיקומן וחלק השני קטן כצורת "ד" יניחנו בין שתי המצות

KARPAS

کرپس

One should take less than a Kazayit (30 g) of Karpas (celery) and dip it into saltwater. One should bless on the Karpas and have in mind that this blessing should also cover the Maror.

مقداری کرفس کمتر از ۳۰ گرم (که لازم نباشد بر آن براخای آخرگفته شود) گرفته و آن را در سرکه یا آب نمک یا آبلیمو فرو کرده و براخای زیر را می‌خوانیم. درهنگام گفتن این براخا، نیت بسته شود که این براخا برای مارُر (کاهو) نیز واقع شود.

Blessed are you, Lord our God, King of the universe, who creates the fruit of the earth.

متبارک هستی تو ای خداوند خالق ما، پادشاه عالم، آفریننده‌ی میوه‌ی زمینی.

Eat without reclining. Be careful not to eat the celery completely to leave some in the Seder plate until eating of matza and marror

بدون تکیه دادن بر سمت چپ، کرفس را می‌خوریم. باید بر حذر بود که تمام کرفس صرف نگردد تا مقداری از کرفس تا خوردن مصا و مارُر در سینی پسح باقی بماند.

YACHATZ

یحتص

O "Yachtaz" means "break".

«یَختص» به معنی «تقسیم کردن» است.

we takes the middle Matza and breaks it into two pieces representing a «ו» and a «ד». The «ו» should be bigger and is hidden for the Afikoman. The «ד» is placed back on the Seder plate between the other Matzot.

از سه عدد مصایی که در سینی است وسطی را گرفته و آن را به دو قسمت نامساوی طوری تقسیم می‌کنیم که قسمت کوچک‌تر شبیه به حرف عبری "ד" و قسمت بزرگ‌تر شبیه حرف عبری "ו" درآید. قسمت کوچک‌تر را بین دو مصای قبل قرار داده و قسمت بزرگ‌تر که افیقومان خوانده می‌شود در پارچه‌ی تمیزی پیچیده و در جای دیگری می‌گذاریم.

מגיד

אומרים ההגדה בשמחה ובקול רם והיא ספור יציאת
מצרים שהיא מצות עשה מן התורה

מגיד, הא לחמא עניא

מגביהין את הקערה ואומרים

הָא (יש אומרים הֵא, ויש אומרים כְּהָא) לַחְמָא עַנְיָא. דִּי אֲכָלוּ אַבְהָתָנָא בְּאַרְעָא דְמִצְרָיִם. כָּל דִּכְפִין יֵיתֵי וְיֵכוּל. כָּל דִּצְרִיךְ יֵיתֵי וְיִפְסַח. הַשַּׁתָּא הָכָא. לְשָׁנָה הַבָּאָה בְּאַרְעָא דְיִשְׂרָאֵל. הַשַּׁתָּא הָכָא עַבְדֵי. לְשָׁנָה הַבָּאָה בְּאַרְעָא דְיִשְׂרָאֵל בְּנֵי חוֹרִין:

מגיד, מה נשתנה

מוזגים כוס שני ומסלקים את הקערה כאלו כבר אכלו
כדי שיראו התינוקות וישאלו

מַה נִּשְׁתַּנָּה הַלַּיְלָה הַזֶּה. מִכָּל הַלֵּילוֹת: שֶׁבְּכָל-הַלֵּילוֹת אֵין אֲנַחְנוּ מְטַבְּלִין

MAGID

We say the Haggadah aloud and joyously. This is the story of the Jews leaving Egypt which reciting it is a biblical mitzvah.

مگید

هگادا را که خواندن آن فرمانی از توراه است و شرح وقایع خروج از مصر می‌باشد با خوشحالی و با صدای بلند می‌خوانیم.

MAGID, HA LACHMA ANYA

We uncover the three matzot and raise the Seder plate, and says out loud the "Ha Lachma Anya". It is customary for some to hold only the middle matza instead of the Seder plate.

This is the bread of destitution that our ancestors ate in the land of Egypt. Anyone who is famished should come and eat, anyone who is in need should come and partake of the Pesach sacrifice. Now we are here, next year we will be in the land of Israel; this year we are slaves, next year we will be free people.

مگید، ها لحما عنیا

روی سه مصا را می‌گشاییم و سینی پسح را بلند کرده و با صدای بلند «ها لَحما عَنیا» را می‌خوانیم. بعضی‌ها رسم دارند به جای سینی پسح، فقط مصای وسطی را در دست بگیرند.

این نان فقیرانه‌ای است که پدران ما در کشور مصر می‌خوردند. هر کسی که گرسنه است بیاید و از آن بخورد. هر کسی که احتیاج دارد بیاید و پسح را نگه دارد. امسال در اینجا هستیم و سال آینده در سرزمین ایسرائل خواهیم بود. امسال این جا بنده و زیردست هستیم و سال آینده در سرزمین ایسرائل آزاد و سربلند خواهیم بود.

MAGID, FOUR QUESTIONS

We pour the second cup and remove the Seder plate as if we are done the Seder so the children will wonder and ask the questions below. The youngest person in the family who knows how to read, read the following text:

What differentiates this night from all [other]

مگید، چهار پرسش

پیاله‌های یائین را برای بار دوم پر نموده و سینی پسح را از روی میز برداشته، کنار گذاشته تا با این کار بچه‌ها کنجکاو شده و سوالات زیر را بپرسند. در اینجا کوچکترین فرد خانواده که خواندن بلد است متن زیر را بخواند:

چقدر فرق دارد امشب با تمام شب‌های دیگر! در سایر شب‌ها ما سبزی یا کاهو را حتی یک دفعه هم در سرکه

אֲפִילוּ פַּעַם אַחַת. וְהַלַּיְלָה הַזֶּה שְׁתֵּי פְעָמִים: שֶׁבְּכָל-הַלֵּילוֹת אֲנַחְנוּ אוֹכְלִין חָמֵץ אוֹ מַצָּה. וְהַלַּיְלָה הַזֶּה כֻּלּוֹ מַצָּה: שֶׁבְּכָל-הַלֵּילוֹת אֲנַחְנוּ אוֹכְלִין שְׁאָר יְרָקוֹת. וְהַלַּיְלָה הַזֶּה מָרוֹר: שֶׁבְּכָל-הַלֵּילוֹת אֲנַחְנוּ אוֹכְלִין וְשׁוֹתִין בֵּין יוֹשְׁבִין וּבֵין מְסֻבִּין. וְהַלַּיְלָה הַזֶּה כֻּלָּנוּ מְסֻבִּין:

מַגִּיד, עֲבָדִים הָיִינוּ

מחזירים הקערה למקומה על השולחן ואומר ההגדה, ותהיה המצה מגולה בשעת אמירת ההגדה. ורק בעת שאוחז הכוס בידו יכסנה

עֲבָדִים הָיִינוּ לְפַרְעֹה בְּמִצְרָיִם. וַיּוֹצִיאֵנוּ יְהֹוָה אֱלֹהֵינוּ מִשָּׁם. בְּיָד חֲזָקָה. וּבִזְרוֹעַ נְטוּיָה. וְאִלּוּ לֹא הוֹצִיא הַקָּדוֹשׁ בָּרוּךְ הוּא אֶת אֲבוֹתֵינוּ מִמִּצְרַיִם עֲדַיִן אֲנַחְנוּ וּבָנֵינוּ וּבְנֵי בָנֵינוּ. מְשֻׁעְבָּדִים הָיִינוּ לְפַרְעֹה בְּמִצְרָיִם. וַאֲפִלּוּ כֻּלָּנוּ חֲכָמִים. כֻּלָּנוּ נְבוֹנִים. כֻּלָּנוּ יוֹדְעִים אֶת הַתּוֹרָה. מִצְוָה עָלֵינוּ לְסַפֵּר בִּיצִיאַת

nights? On all [other] nights, we don't dip [our food], even one time; tonight [we dip it] twice. On all [other] nights we eat chamets and matza; this night, only matza? On all [other] nights we eat other vegetables; tonight (only) marror. On [all] other nights, we eat either sitting or reclining; tonight we all recline.

MAGID, WE WERE SLAVES IN EGYPT

We return the Seder plate to its place on the table and continue reading the Haggadah. The matzas should remain uncovered throughout Maggid, but whenever one holds the cup we cover the matzas.

The father answers:

We were slaves to Pharaoh in the land of Egypt. And the Lord, our God, took us out from there with a strong hand and an outstretched forearm. And if the Holy One, blessed be He, had not taken our ancestors from Egypt, behold we and our children and our children's children would [all] be enslaved to Pharaoh in Egypt. And even if we were all sages, all discerning, all elders, all knowledgeable about the Torah, it would be a

یا حلق نمی‌زنیم، ولی امشب این کار را دو بار انجام می‌دهیم. در شب‌های دیگر ما از نان تخمیر شده یا فطیر می‌خوریم، ولی امشب همه را فقط نان فطیر صرف می‌کنیم. در شب‌های دیگر ما سایر سبزیجات را می‌خوریم، ولی امشب از سبزی تلخ نیز استفاده می‌کنیم. در شب‌های دیگر ما در حال نشسته و یا در حال تکیه دادن بر روی آرنج چپ می‌خوریم و می‌نوشیم، ولی امشب همه‌ی ما بر روی آرنج چپ تکیه می‌دهیم.

مگید، ما در مصر غلام بودیم

در اینجا سینی پسح را سر میز برگردانده و ادامه‌ی هگادا را می‌خوانیم. در موقع خواندن هگادا باید روی سه مصا باز باشد و فقط در زمانی که پیاله‌ی یائین را در دست می‌گیریم روی سه مصا پوشانده می‌شود.

بزرگ خانواده جواب می‌دهد:

ما در کشور مصر غلامان فرعون بودیم و خداوند خالق ما با قدرت قوی و بازوی افراشته، ما را از آنجا خارج نمود. و اگر خداوند مقدس و متبارک، اجداد ما را از مصر خارج نمی‌کرد، هنوز خود ما و فرزندان و نوادگان ما در مصر خدمتکار فرعون بودیم. حتی اگر ما دانشمند باشیم، همگی ما فهیم باشیم، همگی ما تمام مطالب توراه را به خوبی بدانیم، با وجود این بر ما فرمانی است که وقایع

מִצְרָיִם. וְכָל-הַמַּרְבֶּה לְסַפֵּר בִּיצִיאַת מִצְרַיִם הֲרֵי זֶה מְשֻׁבָּח:

מגיד, מעשה שהיה בבני ברק

מַעֲשֶׂה בְּרַבִּי אֱלִיעֶזֶר. וְרַבִּי יְהוֹשֻׁעַ. וְרַבִּי אֶלְעָזָר בֶּן-עֲזַרְיָה. וְרַבִּי עֲקִיבָא. וְרַבִּי טַרְפוֹן. שֶׁהָיוּ מְסֻבִּין בִּבְנֵי בְרַק. וְהָיוּ מְסַפְּרִים בִּיצִיאַת מִצְרַיִם כָּל-אוֹתוֹ הַלַּיְלָה. עַד שֶׁבָּאוּ תַלְמִידֵיהֶם וְאָמְרוּ לָהֶם. רַבּוֹתֵינוּ הִגִּיעַ זְמַן קְרִיאַת שְׁמַע שֶׁל שַׁחֲרִית:

אָמַר רַבִּי אֶלְעָזָר בֶּן-עֲזַרְיָה. הֲרֵי אֲנִי כְּבֶן שִׁבְעִים שָׁנָה וְלֹא זָכִיתִי שֶׁתֵּאָמֵר יְצִיאַת מִצְרַיִם בַּלֵּילוֹת. עַד שֶׁדְּרָשָׁהּ בֶּן זוֹמָא שֶׁנֶּאֱמַר. לְמַעַן תִּזְכֹּר אֶת־יוֹם צֵאתְךָ מֵאֶרֶץ מִצְרַיִם כֹּל יְמֵי חַיֶּיךָ. יְמֵי חַיֶּיךָ. הַיָּמִים. כֹּל יְמֵי חַיֶּיךָ. הַלֵּילוֹת. וַחֲכָמִים אוֹמְרִים. יְמֵי חַיֶּיךָ.

commandment upon us to tell the story of the exodus from Egypt. And anyone who adds [and spends extra time] in telling the story of the exodus from Egypt, behold he is praiseworthy.

خروج اجدادمان از مصر را حکایت کنیم. و هر کسی که درباره‌ی وقایع خروج از مصر زیاد تعریف کند بیشتر مورد تحسین است.

MAGID, STORY OF THE FIVE RABBIS

It happened once [on Pesach] that Rabbi Eliezer, Rabbi Yehoshua, Rabbi Elazar ben Azariah, Rabbi Akiva and Rabbi Tarfon were reclining in Bnei Brak and were telling the story of the exodus from Egypt that whole night, until their students came and said to them, "The time of [reciting] the morning Shema has arrived."

Rabbi Elazar ben Azariah said, "Behold I am like a man of seventy years and I have not merited [to understand why] the exodus from Egypt should be said at night until Ben Zoma explicated it, as it is stated (Deuteronomy 16:3), 'In order that you remember the day of your going out from the land of Egypt all the days of your life;' 'the days of your life' [indicates that the remembrance be invoked during] the days, 'all the days of your life' [indicates that

مگید، حکایت پنج تن از ربانیم

حکایت می‌کنند درباره‌ی ربی الیعزر و ربی یهوشوعَ و ربی العازار بِن عَزریا و ربی عقیوا و ربی طرفُن که در شهر بنه‌باراک، مجلس صِدِر گرفته بودند و تمام آن شب تا صبح از وقایع خروج از مصر تعریف می‌کردند، تا اینکه محصلین آنها آمده و به ایشان گفتند: ای استادان گرامی، هنگام خواندن تفیلای شحریت و شمع ایسرائل فرا رسیده است.

ربی العازار بن عزریا فرموده است: [با اینکه] اکنون من شبیه اشخاص هفتاده ساله هستم، موفق نشدم [بفهمم که چرا] قسمت «خروج از مصر» باید شب‌ها در شمع ایسرائل نیز خوانده شود تا اینکه بِن زوما با توجه به پاسوق (تثنیه۱۶:۳) «تا آنکه روز خروجت از سرزمین مصر را در تمام روزهای زندگی‌ات به یاد آوری.» توضیح داد: اگر فقط گفته بود «روزهای زندگی‌ات» آن وقت منظور، فقط «روزها» بود ولی چون کلمه‌ی «تمام» را به کار برده است پس

הָעוֹלָם הַזֶּה. כֹּל יְמֵי חַיֶּיךָ. לְהָבִיא לִימוֹת הַמָּשִׁיחַ:

מגיד, כנגד ארבעה בנים

בָּרוּךְ הַמָּקוֹם בָּרוּךְ הוּא. בָּרוּךְ שֶׁנָּתַן תּוֹרָה לְעַמּוֹ יִשְׂרָאֵל. בָּרוּךְ הוּא. כְּנֶגֶד אַרְבָּעָה בָנִים דִּבְּרָה תוֹרָה. אֶחָד חָכָם. וְאֶחָד רָשָׁע. וְאֶחָד תָּם. וְאֶחָד שֶׁאֵינוֹ יוֹדֵעַ לִשְׁאַל:

חָכָם מַה הוּא אוֹמֵר. מָה הָעֵדֹת וְהַחֻקִּים וְהַמִּשְׁפָּטִים אֲשֶׁר צִוָּה יְהֹוָה אֱלֹהֵינוּ אֶתְכֶם. אַף אַתָּה אֱמוֹר לוֹ כְּהִלְכוֹת הַפֶּסַח. אֵין מַפְטִירִין אַחַר הַפֶּסַח אֲפִיקוֹמָן:

רָשָׁע מַה הוּא אוֹמֵר. מָה הָעֲבֹדָה הַזֹּאת לָכֶם. לָכֶם וְלֹא לוֹ. וּלְפִי שֶׁהוֹצִיא אֶת-עַצְמוֹ מִן הַכְּלָל. כָּפַר

the remembrance be invoked also during] the nights." But the Sages say, "'the days of your life' [indicates that the remembrance be invoked in] this world, 'all the days of your life' [indicates that the remembrance be invoked also in] the next world."

این، شامل «شب‌ها» نیز می‌شود. ولی حخامیم می‌گویند که عبارت «روزهای زندگی‌ات» مربوط به دنیای کنونی می‌شود در صورتی که عبارت «تمام روزهای زندگی‌ات» شامل دوران ماشیح هم می‌گردد.

Magid, The Four Sons

مگید، چهار نوع فرزند

Blessed is the Place [of all], Blessed is He; Blessed is the One who Gave the Torah to His people Israel, Blessed is He. Corresponding to four sons did the Torah speak; one [who is] wise, one [who is] evil, one who is innocent and one who doesn't know to ask.

متبارک است آفریدگار، متبارک است او. متبارک باد او که توراه را به قوم خود ملت ایسرائل عطا فرمود. توراه موضوع خروج از مصر را از زبان چهار نوع فرزند مورد سوال و جواب قرار داده است. یکی شخص عاقل، یکی فرد ظالم، یکی شخص ساده و دیگری فردی که سوال کردن هم بلد نیست.

What does the wise [son] say? "'What are these testimonies, statutes and judgments that the Lord our God commanded you?' (Deuteronomy 6:20)" And accordingly you will say to him, as per the laws of the Pesach sacrifice, "We may not eat an afikoman [a dessert or other foods eaten after the meal] after [we are finished eating] the Pesach sacrifice. (Mishnah Pesachim 10:8)"

شخص عاقل و متدین چگونه سوال می‌کند؟ او می‌پرسد: «این شرعیات و قوانین و احکام چیست که خداوند خالق ما به شما فرموده است؟ (تثنیه ۶:۲۰)» تو هم که پدر او هستی به او بگو که طبق قوانین پسح، بعد از خوردن گوشت قربان پسح (که ما امروز به یاد آن افیقومان می‌خوریم) دیگر نمی‌توان چیزی خورد. (میشنا پِسَخیم ۱۰:۸)

What does the evil [son] say? "'What is this worship to

شخص ظالم چگونه سوال می‌کند؟ او می‌گوید:«این چه کاری است که شما می‌کنید؟ (خروج ۱۲:۲۶)» گفت «شما» و نگفت «ما». بدین ترتیب با جدا دانستن خود از سایر قوم، کافر به

בָּעִקָּר. אַף אַתָּה הַקְהֵה אֶת-שִׁנָּיו וֶאֱמוֹר לוֹ. בַּעֲבוּר זֶה עָשָׂה יְהֹוָה לִי בְּצֵאתִי מִמִּצְרָיִם. לִי וְלֹא לוֹ. וְאִלּוּ הָיָה שָׁם לֹא הָיָה נִגְאָל:

תָּם מַה הוּא אוֹמֵר. מַה־זֹּאת. וְאָמַרְתָּ אֵלָיו בְּחֹזֶק יָד הוֹצִיאָנוּ יְהֹוָה מִמִּצְרַיִם מִבֵּית עֲבָדִים:

וְשֶׁאֵינוֹ יוֹדֵעַ לִשְׁאֹל. אַתְּ פְּתַח לוֹ. שֶׁנֶּאֱמַר. וְהִגַּדְתָּ לְבִנְךָ בַּיּוֹם הַהוּא לֵאמֹר. בַּעֲבוּר זֶה עָשָׂה יְהֹוָה לִי בְּצֵאתִי מִמִּצְרָיִם:

מגיד, יכול מראש חודש

יָכוֹל מֵרֹאשׁ חֹדֶשׁ. תַּלְמוּד לוֹמַר בַּיּוֹם הַהוּא. אִי בַּיּוֹם הַהוּא. יָכוֹל מִבְּעוֹד יוֹם. תַּלְמוּד לוֹמַר בַּעֲבוּר זֶה.

you?' (Exodus 12:26)" 'To you' and not 'to him.' And since he excluded himself from the collective, he denied a principle [of the Jewish faith]. And accordingly, you will blunt his teeth and say to him, "'For the sake of this, did the Lord do [this] for me in my going out of Egypt' (Exodus 13:8)." 'For me' and not 'for him.' If he had been there, he would not have been saved.

What does the innocent [son] say? "'What is this?' (Exodus13:14)" And you will say to him, "'With the strength of [His] hand did the Lord take us out from Egypt, from the house of slaves' (Exodus 13:14).'"

And [regarding] the one who doesn't know to ask, you will open [the conversation] for him. As it is stated (Exodus 13:8), "And you will speak to your your son on that day saying, for the sake of this, did the Lord do [this] for me in my going out of Egypt."

MAGID, YACHOL ME'ROSH CHODESH

It could be from Rosh Chodesh [that one would have to discuss the Exodus. However] we learn [otherwise, since] it is stated, "on that day." If it is [written] "on that day," it could

هشم است. پس تو هم در مقابل با جوابی دندان‌شکن به او این‌طور پاسخ بده: «به خاطر اجرای همین قوانین بود که خداوند آن معجزات عظیم را در خروج من از مصر برای من نمود. (خروج۱۳:۸)» همان‌طور که او گفت «شما» و خود را داخل جمع ننمود، تو هم بگو «برای من»، یعنی «برای او» نه. و اگر این شخص در آن روزگار در مصر زندگی می‌کرد، از بندگی مصریان نجات نمی‌یافت.

شخص ساده چگونه سوال می کند؟ او می‌پرسد: «این‌ها برای چیست؟ (خروج ۱۳:۱۴)» تو هم به او بگو: «خداوند، ما را با قدرت قوی از کشور مصر و از خانه‌ی غلامان خارج نمود؛ (خروج ۱۳:۱۴)» (و این مراسم را به یاد نجاتمان از آن بردگی اجرا می کنیم.)

برای شخصی هم که پرسیدن بلد نیست، تو شروع به صحبت کن و مطالب را شرح بده. همان‌طور که در توراه مرقوم است: (خروج۱۳:۸) «به خاطر همین فرامین، خداوند در موقع خروجم از مصر، برای من معجزات بسیار نمود.»

مگید، یاخول مرش خودش

آیا می‌توان تشریفات پسح و صِدِر را از اول ماه نیسان انجام داد و هگادا را خواند؟ خیر. چون در توراه نوشته شده است: «در همان روز» (این کار انجام بده). حال که نوشته است «در همان

בַּעֲבוּר זֶה לֹא אָמַרְתִּי אֶלָּא בְּשָׁעָה שֶׁמַּצָּה וּמָרוֹר מֻנָּחִים לְפָנֶיךָ:

מגיד, מתחילה עובדי עבודה זרה היו אבותינו

מִתְּחִלָּה עוֹבְדֵי עֲבוֹדָה זָרָה הָיוּ אֲבוֹתֵינוּ. וְעַכְשָׁיו קֵרְבָנוּ הַמָּקוֹם לַעֲבֹדָתוֹ. שֶׁנֶּאֱמַר. וַיֹּאמֶר יְהוֹשֻׁעַ אֶל־כָּל־הָעָם כֹּה־אָמַר יְהוָה אֱלֹהֵי יִשְׂרָאֵל בְּעֵבֶר הַנָּהָר יָשְׁבוּ אֲבוֹתֵיכֶם מֵעוֹלָם תֶּרַח אֲבִי אַבְרָהָם וַאֲבִי נָחוֹר וַיַּעַבְדוּ אֱלֹהִים אֲחֵרִים:

וָאֶקַּח אֶת־אֲבִיכֶם אֶת־אַבְרָהָם מֵעֵבֶר הַנָּהָר וָאוֹלֵךְ אוֹתוֹ בְּכָל־אֶרֶץ כְּנָעַן וארב [וָאַרְבֶּה] אֶת־זַרְעוֹ וָאֶתֶּן־לוֹ אֶת־יִצְחָק: וָאֶתֵּן לְיִצְחָק אֶת־יַעֲקֹב וְאֶת־עֵשָׂו וָאֶתֵּן לְעֵשָׂו אֶת־הַר שֵׂעִיר לָרֶשֶׁת אוֹתוֹ וְיַעֲקֹב וּבָנָיו יָרְדוּ מִצְרָיִם:

be from while it is still day [before the night of the fifteenth of Nissan. However] we learn [otherwise, since] it is stated, "for the sake of this." I didn't say 'for the sake of this' except [that it be observed] when [this] matza and maror are resting in front of you [meaning, on the night of the fifteenth].

روز»، آیا می‌توان قبل از غروب روز چهاردهم نیسان این مراسم را اجرا نمود؟ خیر. چون در توراه نوشته شده است: «به خاطر این» (انجام این مراسم). پس نگفتم که مراسم صِدِر را به جای آوری، مگر در ساعتی کَه نان فطیر و سبزی تلخ در مقابل تو قرار داشته باشد.

Magid, In the Beginning Our Fathers Were Idol Worshipers

From the beginning, our ancestors were idol worshipers. And now, the Place [of all] has brought us close to His worship, as it is stated (Joshua 24:2-4), "Yehoshua said to the whole people, so said the Lord, God of Israel, 'over the river did your ancestors dwell from always, Terach the father of Avraham and the father of Nachor, and they worshiped other gods."

And I took your father, Avraham from over the river and I made him walk in all the land of Canaan and I increased his seed and I gave him Yitzchak. And I gave to Yitzchak, Ya'akov and Esav, and I gave to Esav, Mount Seir [in order that he] inherit it; and Yaakov and his sons went down to Egypt.'"

مگید، در اوایل اجداد ما بت پرست بودند

در اوایل، اجداد ما بت‌پرست بودند، ولی حالا خداوند، ما را به پرستش خودش نزدیک کرده است. چنان‌که مرقوم است: (یهوشوع ۴-۲:۲۴) «یهوشوع به تمام افراد قوم گفت: خداوند خالق ایسرائل چنین فرموده است: در گذشته اجداد شما، تِرَح، پدر اوراهام و پدر ناحور، در بین النهرین سکونت داشتند و معبودان دیگر و بُت‌ها را پرستش می‌کردند.»

و من اَوراهام، جد شما را از بین النهرین دور ساخته، او را به تمام سرزمین کنعان بردم. سپس نسل او را زیاد نموده؛ ایسحاق را به او عطا کردم. به ایسحاق، یعقوب و عِساو را دادم. کوهستان سِعیر را به عِساو بخشیدم تا آن را وارث شود و یعقوب و فرزندانش به سرزمین مصر فرود آمدند.

בָּרוּךְ שׁוֹמֵר הַבְטָחָתוֹ לְיִשְׂרָאֵל. בָּרוּךְ הוּא. שֶׁהַקָּדוֹשׁ בָּרוּךְ הוּא. חִשַּׁב אֶת-הַקֵּץ. לַעֲשׂוֹת כְּמָה שֶׁאָמַר לְאַבְרָהָם אָבִינוּ בִּבְרִית בֵּין הַבְּתָרִים. שֶׁנֶּאֱמַר. וַיֹּאמֶר לְאַבְרָם יָדֹעַ תֵּדַע כִּי־גֵר ׀ יִהְיֶה זַרְעֲךָ בְּאֶרֶץ לֹא לָהֶם וַעֲבָדוּם וְעִנּוּ אֹתָם אַרְבַּע מֵאוֹת שָׁנָה: וְגַם אֶת־הַגּוֹי אֲשֶׁר יַעֲבֹדוּ דָּן אָנֹכִי וְאַחֲרֵי־כֵן יֵצְאוּ בִּרְכֻשׁ גָּדוֹל:

יכסה את המצות ויאחז את הכוס בידו הימנית ויאמר

הִיא שֶׁעָמְדָה לַאֲבוֹתֵינוּ וְלָנוּ. שֶׁלֹּא אֶחָד בִּלְבַד עָמַד עָלֵינוּ לְכַלּוֹתֵינוּ. אֶלָּא שֶׁבְּכָל-דּוֹר וָדוֹר עוֹמְדִים עָלֵינוּ לְכַלּוֹתֵינוּ. וְהַקָּדוֹשׁ בָּרוּךְ הוּא מַצִּילֵנוּ מִיָּדָם:

39

Blessed is the One who keeps his promise to Israel, blessed be He; since the Holy One, blessed be He, calculated the end [of the exile,] to do as He said to Avraham, our father, in the Covenant between the Pieces, as it is stated (Genesis 15:13-14), "And He said to Avram, 'you should surely know that your seed will be a stranger in a land that is not theirs, and they will enslave them and afflict them four hundred years. And also that nation for which they shall toil will I judge, and afterwards they will go out with much property."

متبارک است خدایی که به قولی که به ایسرائل داده بود وفا کرد، متبارک است او. زیرا خداوند متبارک و تعالی، حساب زمان ظهور نجات را فرمود تا قولی را که به اوراهام، جد ما در عهد «بین شِقه‌ها» داده بود انجام دهد. چنانچه مرقوم است: (پیدایش ۱۴-۱۵:۱۳) «خداوند به اوراهام فرمود: به طور قطع، بدان که اولاد تو در سرزمین که مال خودشان نخواهد بود به غربت افتاده و اهل آن سرزمین را بندگی خواهند کرد؛ و آنها اولاد تو را به مدت ۴۰۰ سال رنج خواهند داد. و من هم آن ملتی را که فرزندان تو بردگی آنها را خواهند کرد محاکمه خواهم نمود و سپس اولاد تو با ثروت فراوان از آن سرزمین خارج خواهند شد.»

We cover the matzot, take the cup of wine in the right hand and say:

در اینجا روی مصاها را پوشانیده، پیاله‌ی یائین را در دست راست گرفته و جملات زیر می‌خوانیم:

And it is this that has stood for our ancestors and for us, since it is not [only] one [person or nation] that has stood [against] us to destroy us, but rather in each generation, they stand [against] us to destroy us, but the Holy One, blessed be He, rescues us from their hand.

همان قول الهی است که همواره به کمک اجداد ما و خود ما برخاسته است. زیرا تاکنون فقط یک دشمن برای نابود کردن ما علیه ما قیام ننموده است؛ بلکه در هر عصر و دوره‌ای دشمنانی برای فنا کردن ما بر ضد ما برمی‌خیزند؛ ولی خداوند تبارک و تعالی، ما را از چنگال آنان رهایی می‌دهد.

מגיד, צא ולמד

יניח הכוס על השלחן, ויגלה המצות עד לפיכך

צֵא וּלְמַד מַה בִּקֵּשׁ לָבָן הָאֲרַמִּי לַעֲשׂוֹת לְיַעֲקֹב אָבִינוּ. שֶׁפַּרְעֹה לֹא גָזַר אֶלָּא עַל הַזְּכָרִים. וְלָבָן בִּקֵּשׁ לַעֲקוֹר אֶת הַכֹּל. שֶׁנֶּאֱמַר.

אֲרַמִּי אֹבֵד אָבִי וַיֵּרֶד מִצְרַיְמָה וַיָּגָר שָׁם בִּמְתֵי מְעָט וַיְהִי־שָׁם לְגוֹי גָּדוֹל עָצוּם וָרָב:

וַיֵּרֶד מִצְרַיְמָה. אָנוּס עַל פִּי הַדִּבּוּר:

וַיָּגָר שָׁם. מְלַמֵּד שֶׁלֹּא יָרַד לְהִשְׁתַּקֵּעַ אֶלָּא לָגוּר שָׁם. שֶׁנֶּאֱמַר.

MAGID, GO OUT AND LEARN

مگید، برو و بیاموز

We put down the cup and uncover the matzas until “Lefichach”.

Notice that this section is a commentary and explanation of some Torah’s verses. For each, first, the verse itself is written, followed by the interpretation of each phrase and word.

در اینجا پیاله‌ی یائین را روی میز گذاشته و روی مصاها را تا سر «لِفیخاخ» می‌گشاییم.

باید توجه داشت که این قسمت، تفسیر و توضیح چند پاسوق از توراه است. برای هر پاسوق ابتدا خود پاسوق نوشته شده و بعد، به تفسیر تک تک عبارات و کلمه‌های آن پرداخته می‌شود.

Go out and learn what what Lavan the Aramean sought to do to Ya’akov, our father; since Pharaoh only decreed [the death sentence] on the males but Lavan sought to uproot the whole [people]. As it is stated (Deuteronomy 26:5):

برو و بیاموز و بدان که لاوان اَرَمی چه کاری را می‌خواست بر سر یعقوب، جد ما بیاورد. فرعون ظالم فقط حکم قتل عام نوزادان ذکور ایسرائل را صادر کرده بود؛ در صورتی که لاوان می‌خواست با کشتن یعقوب که بنیاد ملت ما بود تمام قوم ما را ریشه کن سازد. همان‌طور که مرقوم است: (تثنیه۵:۲۶)

“An Aramean was destroying my father and he went down to Egypt, and he resided there with a small number and he became there a nation, great, powerful and numerous.”

«(لاوان) اَرَمی می‌خواست (یعقوب) جد ما را نابود سازد. (یعقوب) ناچار وارد مصر شد و با عده‌ی قلیلی که همراه او بودند به عنوان غربت سکنی گزید و در آنجا به ملتی بزرگ و عظیم و کثیر النفوس مبدل گشتند.»

And he went down to Egypt- helpless on account of the word [in which God told Avraham that his descendants would have to go into exile].

وارد مصر شد- اگر یعقوب به مصر مهاجرت نمود از روی اجبار بود؛ و یعقوب این کار را به دستور صریح پروردگار انجام داد. (چرا که خداوند به اوراهام فرموده بود که نسلش به گالوت خواهند رفت.)

And he resided there- [this] teaches that Ya’akov, our father, didn’t go down

و در آنجا به عنوان غربت سکنی گزید- از این جمله می‌فهمیم که یعقوب به مصر نرفت تا در

וַיֹּאמְרוּ אֶל־פַּרְעֹה לָגוּר בָּאָרֶץ בָּאנוּ כִּי־אֵין מִרְעֶה לַצֹּאן אֲשֶׁר לַעֲבָדֶיךָ כִּי־כָבֵד הָרָעָב בְּאֶרֶץ כְּנָעַן וְעַתָּה יֵשְׁבוּ־נָא עֲבָדֶיךָ בְּאֶרֶץ גֹּשֶׁן:

בִּמְתֵי מְעָט. כְּמוֹ שֶׁנֶּאֱמַר. בְּשִׁבְעִים נֶפֶשׁ יָרְדוּ אֲבֹתֶיךָ מִצְרָיְמָה וְעַתָּה שָׂמְךָ יְהוָה אֱלֹהֶיךָ כְּכוֹכְבֵי הַשָּׁמַיִם לָרֹב:

וַיְהִי שָׁם לְגוֹי גָּדוֹל. מְלַמֵּד שֶׁהָיוּ יִשְׂרָאֵל מְצוּיָּנִים שָׁם:

לְגוֹי גָּדוֹל עָצוּם. כְּמוֹ שֶׁנֶּאֱמַר. וּבְנֵי יִשְׂרָאֵל פָּרוּ וַיִּשְׁרְצוּ וַיִּרְבּוּ וַיַּעַצְמוּ בִּמְאֹד מְאֹד וַתִּמָּלֵא הָאָרֶץ אֹתָם:

וָרָב. כְּמוֹ שֶׁנֶּאֱמַר. רְבָבָה כְּצֶמַח הַשָּׂדֶה נְתַתִּיךְ וַתִּרְבִּי וַתִּגְדְּלִי וַתָּבֹאִי בַּעֲדִי עֲדָיִים שָׁדַיִם נָכֹנוּ וּשְׂעָרֵךְ צִמֵּחַ וְאַתְּ עֵרֹם

KADDESH
URCHATZ
KARPAS
YACHATZ
MAGID
ROCHTZA
MOTZI
MATZA
MAROR
KORECH
SHOLCHAN ORECH
TZAFON
BARECH
HALEL
NIRTZA

to settle in Egypt, but rather [only] to reside there, as it is stated (Genesis 47:4), "And they said to Pharaoh, to reside in the land have we come, since there is not enough pasture for your servant's flocks, since the famine is heavy in the land of Canaan, and now please grant that your servants should dwell in the land of Goshen."

آنجا به طور دائم ساکن شود، بلکه مقصودش سکونت موقتی و غربت بود. چنان‌که مرقوم است (پیداش ۴۶:۴): «فرزندان یعقوب به فرعون گفتند: ما برای سکونت موقت به این سرزمین آمده‌ایم، چون در موطن ما چراگاهی برای گله‌های بندگانت وجود ندارد، زیرا که قحطی شدیدی در کشور کنعان حکم‌فرما است. حال تمنی داریم اجازه دهی بندگانت در سرزمین گُشِن ساکن شوند.»

Whit a small number- as it is stated (Deuteronomy 10:22), "With seventy souls did your ancestors come down to Egypt, and now the Lord your God has made you as numerous as the stars of the sky."

با عده‌ی قلیلی ـ همان‌طور که مرقوم است: (تثنیه ۱۰:۲۲) «اجداد تو هفتاد نفر وارد مصر شدند و اکنون خداوند خالق تو، تو را چون ستارگان آسمان، کثیر کرده است.»

And he became there a nation- [this] teaches that Israel [became] distinguishable there.

و در آنجا ملت بزرگی شد ـ این به ما می‌آموزد که افراد ملت ایسرائل در مصر، علامت‌دار و مشخص بودند.

Great, powerful- as it is stated (Exodus 1:7), "And the children of Israel multiplied and swarmed and grew numerous and strong, most exceedingly and the land became full of them."

به ملت عظیم ـ همانطور که مرقوم است: (خروج ۱:۷) «فرزندان ایسرائل بسیار بسیار بارور شدند، زایش کردند، زیاد شدند و قوی گشتند و آن سرزمین از آنها پر شد.»

And numerous- as it is stated (Ezekiel 16:7), "I have given you to be numerous as the vegetation of the field, and you increased and grew and became highly ornamented,

و کثیر النفوس ـ همانطور که مرقوم است: (یحزقل ۱۶:۷) «تو را چون گیاهان صحرا بسیار نمودم. تو رشد کرده و بزرگ شدی و با آرایش کاملی از زیورها به سوی من آمدی. پستان‌هایت رشد نموده و مویت

וְעֶרְיָה: וָאֶעֱבֹר עָלַיִךְ וָאֶרְאֵךְ מִתְבּוֹסֶסֶת בְּדָמָיִךְ וָאֹמַר לָךְ בְּדָמַיִךְ חֲיִי וָאֹמַר לָךְ בְּדָמַיִךְ חֲיִי:

וַיָּרֵעוּ אֹתָנוּ הַמִּצְרִים וַיְעַנּוּנוּ וַיִּתְּנוּ עָלֵינוּ עֲבֹדָה קָשָׁה:

וַיָּרֵעוּ אֹתָנוּ הַמִּצְרִים. כְּמוֹ שֶׁנֶּאֱמַר. הָבָה נִתְחַכְּמָה לוֹ פֶּן־יִרְבֶּה וְהָיָה כִּי־תִקְרֶאנָה מִלְחָמָה וְנוֹסַף גַּם־הוּא עַל־שֹׂנְאֵינוּ וְנִלְחַם־בָּנוּ וְעָלָה מִן־הָאָרֶץ:

וַיְעַנּוּנוּ. כְּמוֹ שֶׁנֶּאֱמַר. וַיָּשִׂימוּ עָלָיו שָׂרֵי מִסִּים לְמַעַן עַנֹּתוֹ בְּסִבְלֹתָם וַיִּבֶן עָרֵי מִסְכְּנוֹת לְפַרְעֹה אֶת־פִּתֹם וְאֶת־רַעַמְסֵס:

וַיִּתְּנוּ עָלֵינוּ עֲבֹדָה קָשָׁה. כְּמוֹ שֶׁנֶּאֱמַר. וַיַּעֲבִדוּ מִצְרַיִם אֶת־בְּנֵי יִשְׂרָאֵל בְּפָרֶךְ:

your breasts were set and your hair grew, but you were naked and barren;" "And I passed over you and I saw you wallowing in your blood, and I said to you, you shall live in your blood, and I said to you, you shall live in your blood" (Ezekiel 16:6).

"And the Egyptians did bad to us and afflicted us and put upon us hard work" (Deuteronomy 26:6).

And the Egyptians did bad to us- as it is stated (Exodus 1:10), "Let us be wise towards him, lest he multiply and it will be that when war is called, he too will join with our enemies and fight against us and go up from the land."

And afflicted us- as is is stated (Exodus 1:11); "And they placed upon him leaders over the work-tax in order to afflict them with their burdens, and they built storage cities, Pitom and Ra'amses."

And put upon us hard work- as it is stated (Exodus 1:13), "And they enslaved the children of Israel with breaking work."

رویید، ولی خود تو (از اعمال نیک و خصایل پسندیده) برهنه و عریان بودی.»

«از نزد تو گذر کردم و تو را دیدم که در خون خودت غلطان هستی. پس به تو گفتم: ای که به خونت آلوده هستی، زنده باش. ای که به خونت آلوده هستی، زنده باش.» (یحزقل ۱۶:۶)

«و مصریان به ما بدی کردند، و ما را رنج دادند و کارهای سخت و دشوار بر ما تحمیل نمودند.»

(تثنیه ۲۶:۶)

«و مصریان به ما بدی کردند»ـ همانطور که مرقوم است: (خروج ۱:۱۰) «فرعون به درباریان خود گفت: بیایید تا برای این قوم، تدبیری بیاندیشیم؛ مبادا زیادتر شوند. چون چنین خواهد شد که اگر جنگی واقع شود، این ملت نیز بر دشمنان ما افزوده شده، با ما جنگ خواهند کرد و از این سرزمین خارج خواهند شد.»

«و به ما رنج دادند»ـ همانطور که مرقوم است: (خروج ۱:۱۱) «بر آن (ملت)، مأمورین وصول مالیات گماشتند تا آنها را با کارهای پُر زحمتشان رنج دهند و (ملت ایسرائل) شهرهای خزانه یعنی پیتُم و رَعمصِص را برای فرعون بنا کردند.»

«و کارهای سخت بر ما تحمیل کردند»ـ همانطور که مرقوم است: (خروج ۱:۱۳) «مصریان فرزندان ایسرائل را با سختی و شکنجه، به کار گماشتند.»

וַנִּצְעַק אֶל־יְהֹוָה אֱלֹהֵי
אֲבֹתֵינוּ וַיִּשְׁמַע יְהֹוָה
אֶת־קֹלֵנוּ וַיַּרְא אֶת־
עָנְיֵנוּ וְאֶת־עֲמָלֵנוּ וְאֶת־
לַחֲצֵנוּ:

וַנִּצְעַק אֶל־יְהֹוָה אֱלֹהֵי אֲבֹתֵינוּ.
כְּמוֹ שֶׁנֶּאֱמַר. וַיְהִי בַיָּמִים
הָרַבִּים הָהֵם וַיָּמָת מֶלֶךְ מִצְרַיִם וַיֵּאָנְחוּ
בְנֵי־יִשְׂרָאֵל מִן־הָעֲבֹדָה וַיִּזְעָקוּ וַתַּעַל
שַׁוְעָתָם אֶל־הָאֱלֹהִים מִן־הָעֲבֹדָה:

וַיִּשְׁמַע יְהֹוָה אֶת קֹלֵנוּ. כְּמוֹ
שֶׁנֶּאֱמַר. וַיִּשְׁמַע אֱלֹהִים אֶת־
נַאֲקָתָם וַיִּזְכֹּר אֱלֹהִים אֶת־בְּרִיתוֹ אֶת־
אַבְרָהָם אֶת־יִצְחָק וְאֶת־יַעֲקֹב:

וַיַּרְא אֶת עָנְיֵנוּ. זוֹ פְּרִישׁוּת דֶּרֶךְ
אֶרֶץ. כְּמוֹ שֶׁנֶּאֱמַר. וַיַּרְא אֱלֹהִים
אֶת־בְּנֵי יִשְׂרָאֵל וַיֵּדַע אֱלֹהִים:

47

"And we we cried out to the Lord, the God of our ancestors, and the Lord heard our voice, and He saw our affliction, and our toil and our duress"

(Deuteronomy 26:7).

And we cried out to the Lord, the God of our ancestors- as it is stated (Exodus 2:23); "And it was in those great days that the king of Egypt died and the Children of Israel sighed from the work and yelled out, and their supplication went up to God from the work."

And the Lord heard our voice- as it is stated (Exodus 2:24); "And God heard their groans and God remembered his covenant with Avraham and with Yitschak and with Ya'akov."

And He saw our affliction- this [refers to] the separation from the way of the world, as it is stated (Exodus 2:25); "And God saw the Children of Israel and God knew."

«و ما به درگاه خدای خالق اجدادمان فریاد زدیم. و خداوند نیز فریاد ما را شنید و فقر و مذلت و فشار ما را ملاحظه نمود.» (تثنیه ۲۶:۷)

و ما به درگاه خدای خالق اجدادمان فریاد زدیم.- همان‌طور که مرقوم است: (خروج۲:۲۳) «واقع شد که در طی آن روزهای زیاد، پادشاه مصر وفات یافت. فرزندان ایسرائیل از فشار کار، آه کشیده فریاد بر آوردند و استغاثه‌شان از سختی کار، به درگاه خداوند رسید.»

و خداوند فریاد ما را شنید.- چنان‌که مرقوم است: (خروج۲:۲۴) «خداوند ناله‌ی آنها را شنید و پروردگار پیمانی را که با اوراهام و ایسحاق و یعقوب بسته بود به یاد آورد.»

و فقر ما را ملاحظه فرمود.- این جمله اشاره است به جدا شدن مردان ایسرائیل از زنان خود. همان‌طور که مرقوم است: (خروج۲:۲۵) «خداوند وضع فرزندان ایسرائیل را ملاحظه فرموده و دانست.»

וְאֶת עֲמָלֵנוּ. אֵלּוּ הַבָּנִים. כְּמוֹ שֶׁנֶּאֱמַר. וַיְצַו פַּרְעֹה לְכָל־עַמּוֹ לֵאמֹר כָּל־הַבֵּן הַיִּלּוֹד הַיְאֹרָה תַּשְׁלִיכֻהוּ וְכָל־הַבַּת תְּחַיּוּן:

וְאֶת לַחֲצֵנוּ. זֶה הַדְּחַק. כְּמוֹ שֶׁנֶּאֱמַר. וְגַם־רָאִיתִי אֶת־הַלַּחַץ אֲשֶׁר מִצְרַיִם לֹחֲצִים אֹתָם:

וַיּוֹצִאֵנוּ יְהֹוָה מִמִּצְרַיִם בְּיָד חֲזָקָה וּבִזְרֹעַ נְטוּיָה וּבְמֹרָא גָּדֹל וּבְאֹתוֹת וּבְמֹפְתִים:

וַיּוֹצִאֵנוּ יְהֹוָה מִמִּצְרַיִם. לֹא עַל יְדֵי מַלְאָךְ. וְלֹא עַל יְדֵי שָׂרָף. וְלֹא עַל יְדֵי שָׁלִיחַ. אֶלָּא הַקָּדוֹשׁ בָּרוּךְ הוּא בִּכְבוֹדוֹ וּבְעַצְמוֹ. שֶׁנֶּאֱמַר. **וְעָבַרְתִּי בְאֶרֶץ־מִצְרַיִם** בַּלַּיְלָה הַזֶּה וְהִכֵּיתִי כָל־בְּכוֹר בְּאֶרֶץ מִצְרַיִם מֵאָדָם וְעַד־בְּהֵמָה וּבְכָל־אֱלֹהֵי מִצְרַיִם אֶעֱשֶׂה שְׁפָטִים אֲנִי יְהֹוָה:

And our toil- this [refers to the killing of the] sons, as it is stated (Exodus 1:24); "Every boy that is born, throw him into the Nile and every girl you shall keep alive."

و مذلت ما را- این کلمات اشاره دارند به کشته شدن نوزادان ذکور ایسرائل به دست مصریان. به طوری‌که مرقوم است: (خروج۱:۲۴) «فرعون به تمام افراد قوم خود دستور داده،گفت: هر پسری که متولد شود به رود نیل بیاندازید ولی دخترها را زنده نگه دارید.»

And our duress- this [refers to] the pressure, as it is stated (Exodus 3:19); "And I also saw the duress that the Egyptians are applying on them."

و فشار ما را- این کلمات اشاره می‌کند به سختگیری هایی که مصریان با اجداد ما می‌کردند. به طوری‌که مرقوم است: (خروج۳:۱۹) «خداوند فرمود: و نیز فشاری را که مصریان بر آنها می‌آوردند ملاحظه نمودم.»

And the Lord took us out of Egypt with a strong hand and with an outstretched forearm and with great awe and with signs and with wonders" (Deuteronomy 26:8).

«و خداوند با قدرت قوی و بازوی افراشته و با انداختن خوفی عظیم بر دشمنان و با آیات و معجزات، ما را از مصر خارج نمود.» (تثنیه۲۶:۸)

And the Lord took us out of Egypt- not through an angel and not through a seraph and not through a messenger, but [directly by] the Holy One, blessed be He, Himself, as it is stated (Exodus 12:12); "**And I will pass through the land of Egypt** on that night and I will smite every firstborn in the land of Egypt, from men to animals; and with all the gods of Egypt, I will make judgements, I am the Lord."

«خداوند ما را از مصر خارج نمود»- نه توسط مَلَک، نه به وسیله‌ی فرشته و نه به دست مأمور؛ بلکه خداوند تبارک و تعالی با جلال و عظمت ذات شریفش این کار را به شخصه انجام داد. چنان‌که در توراه فرموده است: (خروج۱۲:۱۲) «امشب **در کشور مصر گذر خواهم کرد** و هر اولزاد را چه از آدمیان و چه از چهارپایان باشد ضربت خواهم زد و کلیه‌ی معبودان مصریان را مجازات خواهم نمود. من خدا هستم.»

וְעָבַרְתִּי בְאֶרֶץ מִצְרַיִם. אֲנִי וְלֹא מַלְאָךְ. וְהִכֵּיתִי כָל־בְּכוֹר. אֲנִי וְלֹא שָׂרָף. וּבְכָל־אֱלֹהֵי מִצְרַיִם אֶעֱשֶׂה שְׁפָטִים. אֲנִי וְלֹא שָׁלִיחַ. אֲנִי יְהֹוָה. אֲנִי הוּא וְלֹא אַחֵר:

בְּיָד חֲזָקָה. זוֹ הַדֶּבֶר. כְּמוֹ שֶׁנֶּאֱמַר. הִנֵּה יַד־יְהֹוָה הוֹיָה בְּמִקְנְךָ אֲשֶׁר בַּשָּׂדֶה בַּסּוּסִים בַּחֲמֹרִים בַּגְּמַלִּים בַּבָּקָר וּבַצֹּאן דֶּבֶר כָּבֵד מְאֹד:

וּבִזְרֹעַ נְטוּיָה. זוֹ הַחֶרֶב. כְּמוֹ שֶׁנֶּאֱמַר. וְחַרְבּוֹ שְׁלוּפָה בְּיָדוֹ נְטוּיָה עַל־יְרוּשָׁלָם:

וּבְמֹרָא גָּדֹל. זֶה גִּלּוּי שְׁכִינָה. כְּמוֹ שֶׁנֶּאֱמַר. אוֹ | הֲנִסָּה אֱלֹהִים לָבוֹא לָקַחַת לוֹ גוֹי מִקֶּרֶב גּוֹי בְּמַסֹּת בְּאֹתֹת וּבְמוֹפְתִים וּבְמִלְחָמָה וּבְיָד חֲזָקָה וּבִזְרוֹעַ נְטוּיָה וּבְמוֹרָאִים גְּדֹלִים כְּכֹל אֲשֶׁר־עָשָׂה לָכֶם יְהֹוָה אֱלֹהֵיכֶם בְּמִצְרַיִם לְעֵינֶיךָ:

And I will pass through the land of Egypt- I and not an angel. "And I will smite every firstborn" - I and not a seraph. "And with all the gods of Egypt, I will make judgements" - I and not a messenger. "I am the Lord" - I am He and there is no other.

در کشور مصر گذر خواهم کرد- خودم و نه مَلِک. خودم هر اولزاد را ضربت خواهم زد، نه فرشته و خودم تمام معبودان مصریان را مجازات خواهم کرد، نه مأمور. من خدا هستم. این من هستم که این کارها را خواهم کرد و نه دیگری.

With a strong hand- this [refers to] the pestilence, as it is stated (Exodus 9:3); "Behold the hand of the Lord is upon your herds that are in the field, upon the horses, upon the donkeys, upon the camels, upon the cattle and upon the flocks, [there will be] a very heavy pestilence."

با قدرت قوی- اشاره به مرض طاعون است که در بین چهارپایان مصریان شایع شد و آنان را تلف نمود. چنان‌که مرقوم است: (خروج۹:۳) «اینک قدرت الهی بر گله و رمه‌ی تو که در صحرا هستند به صورت طاعونی بسیار شدید بر اسب‌ها، بر الاغ‌ها، بر اشتران، بر گاوها و بر گوسفندان اثر می‌گذارد.»

And with an outstretched forearm- this [refers to] the sword, as it is stated (I Chronicles 21:16); "And his sword was drawn in his hand, leaning over Jerusalem:

و با بازوی افراشته- اشاره است به شمشیری (که مصریان بر ضد همدیگر کشیدند.) چنان‌که مرقوم است: (تواریخ ایّام اول۲۱:۱۶) «شمشیر از غلاف کشیده‌اش در دستش بود که بر یروشالییم بلند شده بود.»

And with great awe- this [refers to the revelation of] the Divine Presence, as it is stated (Deuteronomy 4:34); Or did God try to take for Himself a nation from within a nation with enigmas, with signs and with wonders and with war and with a strong hand and with an outstretched forearm and with great and awesome acts, like all that the Lord, your God, did for you in Egypt in front of your eyes?"

و با انداختن خوفی عظیم بر دشمنان- این خوف نتیجه‌ی تجلی نور جلال الهی بود که در مصر جلوه‌گر شد. چنان‌که مرقوم است: (تثنیه:۴:۳۴) «آیا هیچ معبودی چنین آزمایشی را کرده است که آمده و برای خود ملتی را از میان ملتی دیگر با آزمایش‌ها، با آیات، با معجزات و با جنگ، موافق هر آنچه که خداوند خالق شما برای شما و در نظر شما در کشور مصر انجام داد، انتخاب کند؟»

וּבְאֹתוֹת. זֶה הַמַּטֶּה. כְּמוֹ שֶׁנֶּאֱמַר. וְאֶת־הַמַּטֶּה הַזֶּה תִּקַּח בְּיָדֶךָ אֲשֶׁר תַּעֲשֶׂה־בּוֹ אֶת־הָאֹתֹת:

יקח בידו כוס יין. וישפוך בכלי שלש פעמים כשיאמר דם ואש ותימרות עשן וכן באומרו עשר מכות ישפוך עשר פעמים בכל מכה ישפוך מעט וכן דצ"ך עד"ש באח"ב סך הכל ט"ז פעמים. המילים המסומנים בכוכבים. חובה לשפוך את היין שהועבר לכלי לכיור או לאסלה ולהיזהר מאוד שלא יישפך במעבר של אנשים. אחרי זה ניתן להוסיף יין לכוס.

יש שטוענים שמעשה הזה נועד כדי להרחיק מעצמנו את המגפות ומכות שכתובות בנוסח.ויש שטוענים: אנחנו עושים זואת ומחסירים מהיין הטוב שיש לנו כדי לומר שאנחנו לא נשמח במוות ומגפות ומכות שאחרים מקבלים אפילו אם זה אנשים שעשו לנו רעה כל שהיא ואפילו אויבנו.כתוב במדרש: בזמן שמצרים היה טובע בים ומלאכים רצו לשיר לבורא עולם על המעשה הזה ה' יתברך אמר להם "הבריאה שלי טובע בים ואתם שרים לי שיר ומזמורים"

וּבְמֹפְתִים. זֶה הַדָּם. כְּמוֹ שֶׁנֶּאֱמַר. וְנָתַתִּי מוֹפְתִים בַּשָּׁמַיִם וּבָאָרֶץ *דָּם *וָאֵשׁ *וְתִימְרוֹת עָשָׁן:

And with signs- this [refers to] the staff, as it is stated (Exodus 4:17); "And this staff you shall take in your hand, that with it you will perform signs."

The one reading the Haggadah takes his wine cup in his hand and pours out a little wine into another dish 3 times for reading each phrases of "blood", "fire", "pillars of smoke", 10 times for each one of "ten plague" and also 3 times for each words of "Detsakh", "Adash", "Beachav" that will be totally 16 times. These words are marked by stars. The poured wine should be discarded in the sink. Note that it should not be spilled in the way. The wine cup is filled again

Some see this as a way to show that we hope these evils not happens to us. Others interpret it as if we are symbolically reducing the amount of our cup of joy, because we will not be happy with the suffering, pain and death of others – no matter how necessary and deserved. It is also mentioned in Midrash that when the angels wished to sing praises to God as the Egyptians drowned in the sea, God told them to stop because "My creations are drowning in the sea and you would sing songs of praise?"

And with wonders- this [refers to] the blood, as it is stated (Joel 3:3); "And I will place my wonders in the skies and in the earth: *blood and *fire and *pillars of smoke."

و با آیات ـ مقصود این کلمات، آیات و معجزاتی است که مُشه به وسیله‌ی عصای خود انجام داد. چنان‌که مرقوم است: (خروج۴:۱۷) «و این عصا را در دست خود بگیر تا به وسیله‌ی آن، این آیات را ظاهر نمایی.»

گوینده‌ی هگادا، پیاله‌ی یائین خود را دست گرفته و ۳ بار به ازای گفتن هر یک از عبارات «خون»، «آتش»، «ستون‌های دود»، و ۱۰ بار به ازای گفتن هر یک از ده ضربت و نیز ۳ بار به ازای هر یک از عبارات «دصخ»، «عدش» و «باخب»، کمی از یائین خود را درون ظرف دیگری ریخته که در کل ۱۶ مرتبه خواهد شد. این کلمات با ستاره مشخص شده‌اند. یائین ریخته شده در ظرف را در دستشویی خالی کند و توجه داشته باشد در راه و رفت و آمد افراد ریخته نشود. سپس به باقی مانده‌ی پیاله، یائین اضافه گردد.

برخی این کار را به عنوان راهی برای نشان دادن این می‌دانند که ما انتظار داریم این نوع بدی‌ها و ضربت‌ها به ما وارد نشود. بعضی دیگر آن را اینگونه تفسیر می‌کنند که ما با این کار به صورت نمادین از مقدار پیاله‌ی شادی خودمان کم می‌کنیم؛ زیرا ما از رنج، درد و مرگ دیگران خوشحال نخواهیم شد حتی اگر برای دیگرانی باشد که سزاوار و مستحق آن باشند. همچنین در میدراش آمده است زمانی که فرشتگان می‌خواستند در هنگام غرق شدن مصریان در دریا، سرود مدح و شادی بخوانند، خداوند به آنها گفت «دست نگه دارید، مخلوقات من در دریا غرق می‌شوند و شما می‌خواهید سرود مدح و شادی بخوانید؟»

و با معجزات ـ مقصود از این کلمه، معجزه‌ی خون است که مصریان را به ستوه آورد. چنان‌که مرقوم است: (یوئل۳:۳) «در آسمان و زمین به وسیله‌ی *خون و *آتش و *ستون‌های دود، معجزات خواهم کرد.»

מגיד, צא ולמד, עשרת המכות

דָבָר אַחֵר. בְּיָד חֲזָקָה שְׁתַּיִם. וּבִזְרוֹעַ נְטוּיָה שְׁתַּיִם. וּבְמֹרָא גָּדֹל שְׁתַּיִם. וּבְאֹתוֹת שְׁתַּיִם. וּבְמֹפְתִים שְׁתַּיִם:

אֵלּוּ עֶשֶׂר מַכּוֹת שֶׁהֵבִיא הַקָּדוֹשׁ בָּרוּךְ הוּא עַל הַמִּצְרִיִּים בְּמִצְרַיִם. וְאֵלּוּ הֵן:

*דָּם. *צְפַרְדֵּעַ. *כִּנִּים. *עָרוֹב. *דֶּבֶר. *שְׁחִין. *בָּרָד. *אַרְבֶּה. *חֹשֶׁךְ. *מַכַּת בְּכוֹרוֹת:

רַבִּי יְהוּדָה הָיָה נוֹתֵן בָּהֶם סִמָּנִים:

*דְּצַ"ךְ. *עַדַ"שׁ. *בְּאַחַ"ב:

רַבִּי יוֹסֵי הַגְּלִילִי אוֹמֵר. מִנַּיִן אַתָּה אוֹמֵר שֶׁלָּקוּ הַמִּצְרִיִּים בְּמִצְרַיִם עֶשֶׂר מַכּוֹת. וְעַל הַיָּם לָקוּ חֲמִשִּׁים מַכּוֹת.

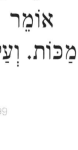

Magid, Go Out and Learn, The Ten Plagues

مگید، برو و بیاموز، ده ضربت

Another [explanation]: "With a strong hand" [corresponds to] two [plagues]; "and with an outstretched forearm" [corresponds to] two [plagues]; "and with great awe" [corresponds to] two [plagues]; "and with signs" [corresponds to] two [plagues]; "and with wonders" [corresponds to] two [plagues].

شرح دیگر: «قدرت قوی» دو کلمه است، «بازوی افراشته» دو کلمه است، «خوفی عظیم» دو کلمه است، کلمه‌ی «آیات» چون به صورت جمع آمده است می‌توان آن را دو تا حساب نمود. کلمه‌ی «معجزات» نیز به همین صورت است و می‌تواند دو تا به شمار آید. جمع همه، ده تا می‌شود.

These are [the] ten plagues that the Holy One, blessed be He, brought on the Egyptians in Egypt and they are:

این‌ها اشاره به ده ضربتی است که خداوند تبارک و تعالی در مصر، بر مصریان وارد آورد. این ده ضربت عبارت بودند از:

*Blood, *Frogs, *Lice, *[The] Mixture [of Wild Animals], *Pestilence, *Boils, *Hail, *Locusts, *Darkness, *Slaying of [the] Firstborn

*خون، *وزغ، *شپش، *هجوم اجتماعی از حیوانات درنده و گزنده، *طاعون، *دمل، *تگرگ، *ملخ، *تاریکی و *ضربت نخست‌زادگان.

Rabbi Yehuda was accustomed to giving [the plagues] mnemonics: Detsakh [the Hebrew initials of the first three plagues], Adash [the Hebrew initials of the second three plagues], Beachav [the Hebrew initials of the last four plagues].

ربی یهودا با حروف اول کلمات عبری ده ضربت فوق، به عنوان علامت، سه کلمه ساخته بود تا با ذکر این سه کلمه، بتوان کلمات ده ضربت را به یاد آورد. این کلمات عبارتند از: *دَصَخ، *عَدَش، *بِاَخَب.

Rabbi Yose Hagelili says, «From where can you [derive] that the Egyptians were struck with ten plagues in Egypt

ربی یوسی هگالیلی که از اهل گالیل بود، می‌گفت: به چه دلیل تو می‌گویی که مصریان در مصر ده ضربت خوردند، ولی بر لب دریا پنجاه ضربت بر

בְּמִצְרַיִם מַה הוּא אוֹמֵר. וַיֹּאמְרוּ הַחַרְטֻמִּים אֶל־פַּרְעֹה אֶצְבַּע אֱלֹהִים הִוא. וְעַל הַיָּם מַה הוּא אוֹמֵר. וַיַּרְא יִשְׂרָאֵל אֶת־הַיָּד הַגְּדֹלָה אֲשֶׁר עָשָׂה יְהוָה בְּמִצְרַיִם וַיִּירְאוּ הָעָם אֶת־יְהוָה וַיַּאֲמִינוּ בַּיהוָה וּבְמֹשֶׁה עַבְדּוֹ:

כַּמָּה לָקוּ בְאֶצְבַּע. עֶשֶׂר מַכּוֹת. אֱמוֹר מֵעַתָּה בְּמִצְרַיִם לָקוּ עֶשֶׂר מַכּוֹת. וְעַל הַיָּם לָקוּ חֲמִשִּׁים מַכּוֹת:

רַבִּי אֱלִיעֶזֶר אוֹמֵר. מִנַּיִן שֶׁכָּל-מַכָּה וּמַכָּה שֶׁהֵבִיא הַקָּדוֹשׁ בָּרוּךְ הוּא עַל הַמִּצְרִיִּים בְּמִצְרַיִם הָיְתָה שֶׁל אַרְבַּע מַכּוֹת. שֶׁנֶּאֱמַר. יְשַׁלַּח־בָּם | חֲרוֹן אַפּוֹ עֶבְרָה וָזַעַם וְצָרָה מִשְׁלַחַת מַלְאֲכֵי רָעִים. עֶבְרָה אַחַת. וָזַעַם שְׁתַּיִם. וְצָרָה שָׁלֹשׁ. מִשְׁלַחַת מַלְאֲכֵי רָעִים אַרְבַּע. אֱמוֹר מֵעַתָּה בְּמִצְרַיִם לָקוּ אַרְבָּעִים מַכּוֹת. וְעַל הַיָּם לָקוּ מָאתַיִם מַכּוֹת:

and struck with fifty plagues at the Sea? In Egypt, what does it state? ‹Then the magicians said unto Pharaoh: 'This is the finger of God' (Exodus 8:15). And at the Sea, what does it state? 'And Israel saw the Lord's great hand that he used upon the Egyptians, and the people feared the Lord; and they believed in the Lord, and in Moshe, His servant' (Exodus 14:31).

آنها وارد آمد؟ درباره‌ی ضربات مصر، توراه چنین می‌فرماید: (خروج۸:۱۵) «ساحرانِ به فرعون گفتند این ضربات، ضرب شَست خدا است» و در مورد ضربات دریا، چنین می‌فرماید: (خروج۱۴:۳۱) «ایسرائل آن دست قوی را که خداوند با آن مصریان را زده بود، دید. آنگاه قوم از خداوند ترسیدند و به خدا و به مشه، بنده‌ی او ایمان آوردند.»

How many were they struck with the finger? Ten plagues. You can say from here that in Egypt, they were struck with ten plagues and at the Sea, they were struck with fifty plagues."

ضرباتی که با انگشت شست الهی در مصر بر مصریان وارد آمد، چند تا بودند؟ ده تا - از این رو، می‌توان گفت در مصر که با یک انگشت ضربت خوردند ده بلا دیدند، ولی بر لب دریا که با دست، ضربت خوردند، پنجاه بلا. (چرا که در هر دست پنج انگشت وجود دارد.)

Rabbi Eliezer says, "From where [can you derive] that every plague that the Holy One, blessed be He, brought upon the Egyptians in Egypt was [composed] of four plagues? As it is stated (Psalms 78:49): 'He sent upon them the fierceness of His anger, wrath, and fury, and trouble, a sending of messengers of evil.' 'Wrath' [corresponds to] one; 'and fury' [brings it to] two; 'and trouble' [brings it to] three; 'a sending of messengers of evil' [brings it to] four. You can say from here that in Egypt, they were struck with forty plagues and at the Sea, they were struck with two hundred plagues."

ربی الیعزر می‌گفت: از کجا دلیل که هر ضربتی که خداوند مقدس و متبارک در مصر بر مصریان وارد آورد مرکب از چهار نوع بلا بود؟ همان طور که مرقوم است (مزامیر۷۸:۴۹) «شدت قهر خود را با غضب و غیظ و عذاب و ارسال رسولان بدی‌رسان، بر آنها وارد آورد.» «غضب» یکی حساب می‌شود، «غیظ» دو تا، «عذاب» سه تا، «ارسال رسولان بدی‌رسان» چهار تا، بنابراین می‌توان گفت: در مصر چهل ضربت خوردند و بر لب دریا دویست ضربت (چون قبلاً گفته شد که بر لب دریا پنجاه ضربت خوردند).

רַבִּי עֲקִיבָא אוֹמֵר. מִנַּיִן שֶׁכָּל-מַכָּה וּמַכָּה שֶׁהֵבִיא הַקָּדוֹשׁ בָּרוּךְ הוּא עַל הַמִּצְרִיִּים בְּמִצְרַיִם הָיְתָה שֶׁל חָמֵשׁ מַכּוֹת. שֶׁנֶּאֱמַר. יְשַׁלַּח־בָּם | חֲרוֹן אַפּוֹ עֶבְרָה וָזַעַם וְצָרָה מִשְׁלַחַת מַלְאֲכֵי רָעִים. חֲרוֹן אַפּוֹ אַחַת. עֶבְרָה שְׁתַּיִם. וָזַעַם שָׁלֹשׁ. וְצָרָה אַרְבַּע. מִשְׁלַחַת מַלְאֲכֵי רָעִים חָמֵשׁ. אֱמוֹר מֵעַתָּה בְּמִצְרַיִם לָקוּ חֲמִשִּׁים מַכּוֹת. וְעַל הַיָּם לָקוּ מָאתַיִם וַחֲמִשִּׁים מַכּוֹת:

מַגִּיד, דַּיֵּנוּ

כַּמָּה מַעֲלוֹת טוֹבוֹת לַמָּקוֹם עָלֵינוּ:

כל אחד מן המסובים מגדול עד קטן לוקחים בצל ירוק ומצליף בעדינות זה את זה

אִלּוּ הוֹצִיאָנוּ מִמִּצְרַיִם. וְלֹא עָשָׂה בָהֶם שְׁפָטִים — דַּיֵּנוּ:

אִלּוּ עָשָׂה בָהֶם שְׁפָטִים. וְלֹא עָשָׂה בֵאלֹהֵיהֶם — דַּיֵּנוּ:

59

Rabbi Akiva says, says, "From where [can you derive] that every plague that the Holy One, blessed be He, brought upon the Egyptians in Egypt was [composed] of five plagues? As it is stated (Psalms 78:49): 'He sent upon them the fierceness of His anger, wrath, and fury, and trouble, a sending of messengers of evil.' 'The fierceness of His anger' [corresponds to] one; 'wrath' [brings it to] two; 'and fury' [brings it to] three; 'and trouble' [brings it to] four; 'a sending of messengers of evil' [brings it to] five. You can say from here that in Egypt, they were struck with fifty plagues and at the Sea, they were struck with two hundred and fifty plagues."

MAGID, DAYENU

How many degrees of good did the Place [of all bestow] upon us!

For fun, and also to commemorate the Israelites that were being flogged by Egyptian, it is customary for Persians to hit each other gently with the leaves of the scallions during Dayenu.

If He had taken us out of Egypt and not made judgements on them; [it would have been] enough for us.

If He had made judgments on them and had not made [them] on their gods; [it would have been] enough for us.

ربی عقیوا می‌فرماید: از کجا دلیل که هر ضربتی که خداوند مقدس و متبارک، در مصر بر مصریان وارد آورد مرکب از پنج نوع بلا بود؟ از آنجا که گفته شده است: (مزامیر ۷۸:۴۹) «شدت قهر خود را با غضب و غیظ و عذاب و ارسال رسولان بدی‌رسان بر آنها وارد آورد.» «شدت قهر» یکی حساب می‌شود، «غضب» دو تا، «غیظ» سه تا، «عذاب» چهار تا و «ارسال رسولان بدی‌رسان» پنج تا. از این رو می‌توان گفت: مصریان در مصر پنجاه ضربت خوردند و بر لب دریا دویست و پنجاه ضربت.

مگید، دینو

چقدر احسان‌های زیادی که خداوند به ما کرده و چه منت‌های عظیمی که بر سر ما دارد.

فارسی‌زبانان رسم دارند که در هنگام خواندن دینو، به عنوان شوخی و نیز به یادبود اینکه مصریان به بنی اسراییل شلاق می‌زدند یکدیگر را با برگ‌های پیازچه به آرامی می‌زنند.

اگر ما را از مصر خارج کرده بود و دیگر دشمنان ما را مجازات نمی کرد، برای ما کافی بود.

اگر دشمنان ما را مجازات کرده بود و دیگر با معبودان آنها کاری نداشت، برای ما کافی بود.

אִלּוּ עָשָׂה בֵאלֹהֵיהֶם. וְלֹא הָרַג בְּכוֹרֵיהֶם דַּיֵּנוּ:

אִלּוּ הָרַג בְּכוֹרֵיהֶם. וְלֹא נָתַן לָנוּ אֶת-מָמוֹנָם דַּיֵּנוּ:

וּמְנַיִן שֶׁנָּתַן לָנוּ אֶת-מָמוֹנָם. שֶׁנֶּאֱמַר. וַיְנַצְּלוּ אֶת־מִצְרָיִם. עֲשָׂאוּהָ כִּמְצוּלָה שֶׁאֵין בָּהּ דָּגִים. דָּבָר אַחֵר עֲשָׂאוּהָ כִּמְצוּדָה שֶׁאֵין בָּהּ דָּגָן. לָמָּה מְחַבֵּב הַכָּתוּב אֶת בִּזַּת הַיָּם יוֹתֵר מִבִּזַּת מִצְרַיִם. אֶלָּא מַה שֶּׁהָיָה בַבָּתִּים נָטְלוּ בְּמִצְרַיִם. וּמַה שֶּׁהָיָה בְּבָתֵּי תְשׁוּרָאוֹת נָטְלוּ עַל הַיָּם. וְכֵן הוּא אוֹמֵר כַּנְפֵי יוֹנָה נֶחְפָּה בַכֶּסֶף. זוֹ בִּזַּת מִצְרַיִם. וְאֶבְרוֹתֶיהָ בִּירַקְרַק חָרוּץ. זוֹ בִּזַּת הַיָּם. וַתִּרְבִּי וַתִּגְדְּלִי וַתָּבֹאִי. זוֹ בִּזַּת מִצְרַיִם. בַּעֲדִי

If He had made [them] on their gods and had not killed their firstborn; [it would have been] enough for us.

اگر معبودان آنها را مجازات کرده بود و دیگر نخست‌زادگان آنها را نمی‌کشت،
برای ما کافی بود.

If He had killed their firstborn and had not given us their money; [it would have been] enough for us.

اگر نخست‌زادگان آنها را کشته بود و دیگر اموال آنها را (به جای مزد کارهایی که در مصر کرده بودیم) به ما نمی‌داد،
برای ما کافی بود.

From where do we know that God gave us the riches of the Egyptians? From the verse: (Exodus 12:36) "And the Lord had disposed the Egyptians favorably toward the people, and they let them have their request; thus they stripped the Egyptians." Thus, they made Egypt like a deep pool bereft of fish or a net to catch birds that has no grain to attract them. Scripture favors the plundering of the Egyptians at the Red Sea even more than the plundering of the Egyptians while the Israelites were still in Egypt. Whatever they found in the homes in Egypt, the Israelites took. And what had been taken along from the treasuries by the Egyptians the Israelites collected at the shore of the Red Sea (after the Egyptian army drowned). Thus, Scripture says, (Psalms 68:14) "Even among those who lie among the sheepfolds there are wings of a dove sheathed in silver, (this refers to the plundering of Egypt); its pinions of fine gold

از کجا می‌فهمیم که خداوند ثروت مصریان را به ما عطا کرد؟ از این پاسوق توراه: (خروج۱۲:۳۶) « و خداوند قوم بنی اسراییل را در نظر مصریان آبرومند ساخت و [بنابراین مصریان به قوم بنی ایسرائل اسباب نقره‌ای و طلا و لباس] قرض دادند و [بنی ایسرائل بدین وسیله] مصر را خالی کردند.» مصر را مانند ژرفای دریایی که ماهی در آن وجود ندارد و یا به عبارتی مانند تور و تله‌ی پرنده‌ای که در آن دانه وجود ندارد، ساختند. چرا توراه غنایمی را که در کنار دریا از مصریان دریافت شد، مهم‌تر از غنایمی که در مصر از آنان گرفته شد می‌داند؟ زیرا بنی ایسرائل آنچه را که مصریان در خانه داشتند، برداشتند در حالی که در کنار دریا [بعد از غرق شدن ارتش مصر] آنچه بنی ایسرائل جمع کردند از چیزهایی بود که افراد ارتش مصر از خزانه‌های کشور برداشته بودند. و همان‌طور که در کتاب مزامیر گفته شده است: (مزامیر۶۸:۱۴) «آنانی که در آغل گوسفندان می‌خوابیدند، اکنون مانند کبوتری که بال‌هایش نقره‌ای و پرهایش طلایی است، آراسته شده‌اند.» «بال‌های نقره‌ای» به غنایم مصر برمی‌گردد در حالی که «پرهای طلایی» به غنایم دریا. همچنین در کتاب حزقیئل آمده است:

עֲדָיִים. זוֹ בִּזַּת הַיָּם. עִם נְקֻדּוֹת הַכָּסֶף. זוֹ בִּזַּת מִצְרַיִם. תּוֹרֵי זָהָב נַעֲשֶׂה־לָּךְ. זוֹ בִּזַּת הַיָּם:

אִלּוּ נָתַן לָנוּ אֶת-מָמוֹנָם. וְלֹא קָרַע לָנוּ אֶת-הַיָּם דַּיֵּנוּ:

אִלּוּ קָרַע לָנוּ אֶת-הַיָּם. וְלֹא הֶעֱבִירָנוּ בְתוֹכוֹ בֶּחָרָבָה דַּיֵּנוּ:

אִלּוּ הֶעֱבִירָנוּ בְתוֹכוֹ בֶּחָרָבָה. וְלֹא שִׁקַּע צָרֵינוּ בְּתוֹכוֹ דַּיֵּנוּ:

אִלּוּ שִׁקַּע צָרֵינוּ בְּתוֹכוֹ. וְלֹא סִפֵּק צָרְכֵּנוּ בַּמִּדְבָּר אַרְבָּעִים שָׁנָה דַּיֵּנוּ:

אִלּוּ סִפֵּק צָרְכֵּנוּ בַּמִּדְבָּר אַרְבָּעִים שָׁנָה. וְלֹא הֶאֱכִילָנוּ אֶת הַמָּן דַּיֵּנוּ:

(this refers to the plundering at the sea)." Also, (Ezekiel 16:7) "You continued to grow up (this refers to the plundering of Egypt); you were adorned with choicest ornament; (this refers to the plundering at the sea). (Song of Songs 1:11) " We will add wreaths of gold (this refers to the plundering at the sea) to your spangle of silver (this refers to the plundering in Egypt)

(حزقیئل ۱۶:۷) «و بزرگ و بالغ شدی و با بهترین جواهرات مزیّن گشتی». «بزرگ و بالغ شدی» به غنائم مصر برمی‌گردد در حالی که عبارت «با بهترین جواهرات مزیّن گشتی» به غنایم دریا. در کتاب شیر هشیریم نیز گفته شده است: (شیر هشیریم ۱:۱۱) «ما برای تو زنجیره‌های طلا با دکمه‌های نقره خواهیم ساخت». «دکمه‌های نقره» به غنایم مصر برمی‌گردد در حالی که «زجیره‌های طلا» به غنایم دریا.

If He had given us their money and had not split the Sea for us; [it would have been] enough for us.

اگر اموال آنها را به ما داده بود و دیگر دریا را برای ما نمی‌شکافت،
برای ما کافی بود.

If He had split the Sea for us and had not taken us through it on dry land; [it would have been] enough for us.

اگر دریا را برای ما شکافته بود و دیگر ما را از میان آن در خشکی عبور نمی‌داد،
برای ما کافی بود.

If He had taken us through it on dry land and had not pushed down our enemies in [the Sea]; [it would have been] enough for us.

اگر ما را از میان دریا در خشکی عبور داده بود و دیگر دشمنان ما را در آن غرق نمی‌کرد،
برای ما کافی بود.

If He had pushed down our enemies in [the Sea] and had not supplied our needs in the wilderness for forty years; [it would have been] enough for us.

اگر دشمنان ما را در آن دریا غرق کرده بود و دیگر احتیاجات روزانه‌ی ما را در مدت چهل سال در بیابان تأمین نمی‌کرد،
برای ما کافی بود.

If He had supplied our needs in the wilderness for forty years and had not fed us the manna; [it would have been] enough for us.

اگر احتیاجات روزانه‌ی ما را در مدت چهل سال در بیابان تأمین کرده بود و دیگر، مان را به ما نمی‌خورانید،
برای ما کافی بود.

אִלּוּ הֶאֱכִילָנוּ אֶת הַמָּן. וְלֹא נָתַן לָנוּ אֶת הַשַּׁבָּת דַּיֵּנוּ:

אִלּוּ נָתַן לָנוּ אֶת הַשַּׁבָּת. וְלֹא קֵרְבָנוּ לִפְנֵי הַר סִינַי דַּיֵּנוּ:

אִלּוּ קֵרְבָנוּ לִפְנֵי הַר סִינַי. וְלֹא נָתַן לָנוּ אֶת הַתּוֹרָה דַּיֵּנוּ:

אִלּוּ נָתַן לָנוּ אֶת הַתּוֹרָה. וְלֹא הִכְנִיסָנוּ לְאֶרֶץ יִשְׂרָאֵל דַּיֵּנוּ:

אִלּוּ הִכְנִיסָנוּ לְאֶרֶץ יִשְׂרָאֵל. וְלֹא בָנָה לָנוּ אֶת בֵּית הַמִּקְדָּשׁ דַּיֵּנוּ:

עַל אַחַת כַּמָּה וְכַמָּה טוֹבָה כְּפוּלָה וּמְכֻפֶּלֶת לַמָּקוֹם עָלֵינוּ. הוֹצִיאָנוּ מִמִּצְרַיִם. עָשָׂה בָהֶם שְׁפָטִים. עָשָׂה בֵאלֹהֵיהֶם. הָרַג בְּכוֹרֵיהֶם. נָתַן לָנוּ אֶת-מָמוֹנָם. קָרַע לָנוּ אֶת-הַיָּם. הֶעֱבִירָנוּ בְתוֹכוֹ בֶּחָרָבָה. שִׁקַּע צָרֵינוּ בְּתוֹכוֹ. סִפֵּק צָרְכֵּנוּ בַּמִּדְבָּר אַרְבָּעִים שָׁנָה. הֶאֱכִילָנוּ

If He had fed us the manna and had not given us the Shabbat; [it would have been] enough for us.

If He had given us the Shabbat and had not brought us close to Mount Sinai; [it would have been] enough for us.

If He had brought us close to Mount Sinai and had not given us the Torah; [it would have been] enough for us.

If He had given us the Torah and had not brought us into the land of Israel; [it would have been] enough for us.

If He had brought us into the land of Israel and had not built us the 'Chosen House' [the Temple; it would have been] enough for us.

How much more so is the good that is doubled and quadrupled that the Place [of all bestowed] upon us [enough for us]; since:

1. He took us out of Egypt.
2. Made judgments with our enemies.
3. Made [them] with their gods.
4. Killed their firstborn.
5. Gave us their money.
6. Split the Sea for us.
7. Brought us through it on dry land.

اگر مان را به ما خورانده بود و دیگر شبات را به ما عطا نمی‌فرمود، برای ما کافی بود.

اگر شبات را به ما عطا فرموده بود و دیگر ما را به جلوی کوه سینا نمی‌آورد، برای ما کافی بود.

اگر ما را به جلوی کوه سینا آورده بود و دیگر توراه را به ما نمی‌داد، برای ما کافی بود.

اگر توراه را به ما داده بود و دیگر ما را داخل سرزمین ایسرائل نمی‌کرد، برای ما کافی بود.

اگر ما را داخل سرزمین ایسرائل کرده بود و دیگر بِت همیقداش را برای ما آباد نمی‌کرد، برای ما کافی بود.

پس می‌بینیم که به جای یک احسان، خداوند، خوبی‌های بسیار زیادی به ما کرده و چند برابر به ما نیکی نموده است:

۱. ما را از مصر خارج نمود.
۲. دشمنان ما را تنبیه کرد.
۳. معبودان آنها را مجازات نمود.
۴. نخست زادگان آنها را کشت.
۵. اموال آنها را به ما داد.
۶. دریا را برای ما شکافت.
۷. ما را از میان دریا در زمین خشک عبور داد.

אֶת הַמָּן. נָתַן לָנוּ אֶת הַשַּׁבָּת. קֵרְבָנוּ לִפְנֵי הַר סִינַי. נָתַן לָנוּ אֶת הַתּוֹרָה. הִכְנִיסָנוּ לְאֶרֶץ יִשְׂרָאֵל. וּבָנָה לָנוּ אֶת בֵּית הַבְּחִירָה. לְכַפֵּר עַל כָּל-עֲוֹנוֹתֵינוּ:

מגיד, פסח מצה ומרור

רַבָּן גַּמְלִיאֵל הָיָה אוֹמֵר. כָּל-מִי שֶׁלֹּא אָמַר שְׁלֹשָׁה דְּבָרִים אֵלּוּ בַּפֶּסַח. לֹא יָצָא יְדֵי חוֹבָתוֹ. וְאֵלּוּ הֵן.

פֶּסַח. מַצָּה. וּמָרוֹר:

כשיאמר פסח יסתכל בזרוע אבל לא יאחזנו בידו

פֶּסַח שֶׁהָיוּ אֲבוֹתֵינוּ אוֹכְלִים בִּזְמַן שֶׁבֵּית הַמִּקְדָּשׁ הָיָה קַיָּם עַל

8. Pushed down our enemies in [the Sea].
9. Supplied our needs in the wilderness for forty years.
10. Fed us the manna.
11. Gave us the Shabbat.
12. Brought us close to Mount Sinai.
13. Gave us the Torah.
14. Brought us into the land of Israel.
15. And built us the 'Chosen House' [the Temple] to atone upon all of our sins.

۸. دشمنان ما را در میان همان دریا غرق کرد.
۹. مدت چهل سال احتیاجات ما را در بیابانی بی آب و علف تأمین کرد.
۱۰. مان را به ما خوراند.
۱۱. شبات را به ما عطا فرمود.
۱۲. ما را نزدیک کوه سینا آورد.
۱۳. توراه را به ما مرحمت فرمود.
۱۴. ما را داخل کشور ایسرائل نمود.
۱۵. و خانه‌ی منتخب خود، بِت همیقداش را برای ما آباد کرد تا وسیله‌ای برای کفاره نمودن جمیع گناهان ما باشد.

MAGID, THREE OBLIGATIONS

مگید، سه وظیفه‌ی شرعی

Rabban Gamliel was accustomed to say, Anyone who has not said these three things on Pesach has not fulfilled his obligation, and these are them:

ربان گملیئل می‌فرمود: هر آن کس که توضیح ندهد که ما چرا این سه چیز را در شب‌های اول و دوم پسح می‌خوریم، وظیفه‌ی شرعی خود را به خوبی انجام نداده است. این سه چیز عبارتند از:

the Pesach sacrifice, matza and marror.

گوشت قربان پسح، مصا و سبزی تلخ.

When we say following text, one should look at the Zeroa on the Seder plate but not pick it up

هنگام خواندن قسمت زیر به زروعَ (دست کباب شده) که در سینی پسح است، نگاه کرده اما لازم نیست که در دست گرفته شود. لازم به ذکر است که واژه‌ی «پسح» به معنای «عبور کردن» است.

The Pesach [Passover] sacrifice that our ancestors were accustomed to eating when the Temple existed, for

گوشت قربان پسح که اجداد ما، در زمان آبادی بِت همیقدایش در شب اول پسح می‌خوردند به چه منظور بود؟ برای اینکه به یاد بیاورند خداوند

שׁוּם מָה. עַל שׁוּם **שֶׁפָּסַח** הַקָּדוֹשׁ בָּרוּךְ הוּא עַל בָּתֵּי אֲבוֹתֵינוּ בְּמִצְרַיִם. שֶׁנֶּאֱמַר. וַאֲמַרְתֶּ֨ם זֶֽבַח־פֶּ֜סַח ה֗וּא לַֽיהוָ֡ה אֲשֶׁ֣ר **פָּסַח** עַל־בָּתֵּ֤י בְנֵֽי־יִשְׂרָאֵל֙ בְּמִצְרַ֔יִם בְּנָגְפּ֥וֹ אֶת־מִצְרַ֖יִם וְאֶת־בָּתֵּ֣ינוּ הִצִּ֑יל וַיִּקֹּ֥ד הָעָ֖ם וַיִּֽשְׁתַּחֲוֽוּ׃

יגביה את המצה העליונה ויאמר מצה זו

מַצָּה זוֹ שֶׁאֲנַחְנוּ אוֹכְלִים עַל שׁוּם מָה. עַל שׁוּם שֶׁלֹּא הִסְפִּיק בְּצֵקָם שֶׁל אֲבוֹתֵינוּ לְהַחְמִיץ. עַד שֶׁנִּגְלָה עֲלֵיהֶם מֶלֶךְ מַלְכֵי הַמְּלָכִים הַקָּדוֹשׁ בָּרוּךְ הוּא וּגְאָלָם מִיָּד. שֶׁנֶּאֱמַר. וַיֹּאפ֨וּ אֶת־הַבָּצֵ֜ק אֲשֶׁ֨ר הוֹצִ֧יאוּ מִמִּצְרַ֛יִם עֻגֹ֥ת מַצּ֖וֹת כִּ֣י לֹ֣א חָמֵ֑ץ כִּֽי־גֹרְשׁ֣וּ מִמִּצְרַ֗יִם וְלֹ֤א יָֽכְלוּ֙ לְהִתְמַהְמֵ֔הַּ וְגַם־צֵדָ֖ה לֹא־עָשׂ֥וּ לָהֶֽם׃

the sake of what [was it]? For the sake [to commemorate] that the Holy One, blessed be He, **passed over** the homes of our ancestors in Egypt, as it is stated (Exodus 12:27); "And you shall say: 'It is the Passover Sacrifice to the Lord, for that He **passed over** the homes of the Children of Israel in Egypt, when He smote the Egyptians, and our homes he saved.' And the people bowed the head and bowed."

مقدس و متبارک از کنار خانه‌های اجداد ما که در مصر بودند **عبور نمود** (و برای ضربت زدن وارد خانه‌هایشان نشد و اولزادگان آنها را مانند اولزادگان مصریان نکشت). چنان‌که مرقوم است: (خروج۱۲:۳۷) «خواهید گفت که این قربان پسح برای خداوند است که هنگامی که بر مصریان ضربت زد، از کنار خانواده‌های فرزندان ایسرائل که در مصر بودند **عبور کرد** و خانواده‌های ما را خلاص نمود و قوم از شنیدن این مژده، سر فرود آورده و به سجده افتادند.»

One should pick up the top matza and say the following text:

در هنگام خواندن قسمت زیر بایستی مصای بالایی را در دست گرفت.

This matza that we are eating, for the sake of what [is it]? For the sake [to commemorate] that our ancestors' dough was not yet able to rise, before the King of the kings of kings, the Holy One, blessed be He, revealed [Himself] to them and redeemed them, as it is stated (Exodus 12:39); "And they baked the dough which they brought out of Egypt into matza cakes, since it did not rise; because they were expelled from Egypt, and could not tarry, neither had they made for themselves provisions."

این مصایی که ما می‌خوریم برای چیست؟ برای این است که خمیری که اجداد ما قبل از خروج از مصرسرشته بودند فرصت نیافت ورآمد کند، چرا که نور جلال سلطان سلاطین، آن خدای مقدس و متبارک بر آنها جلوه‌گر شد و آنها را بی‌درنگ نجات داد. به طوری‌که مرقوم است: (خروج ۱۲:۲۹) «از خمیری که با خود از مصر خارج کرده بودند گِرده‌های فطیر پختند، زیرا هنوز ورآمد نکَرده بود؛ برای آنکه به زور از مصر اخراج شده و نتوانسته بودند درنگ نمایند و توشه‌ی راهی نیز برای خود تهیه ندیده بودند.»

יאחז המרור בידו ויאמר מרור זה

מָרוֹר זֶה שֶׁאֲנַחְנוּ אוֹכְלִים עַל שׁוּם מָה. עַל שׁוּם שֶׁמֵּרְרוּ הַמִּצְרִיִּים אֶת חַיֵּי אֲבוֹתֵינוּ בְּמִצְרַיִם. שֶׁנֶּאֱמַר. וַיְמָרְר֤וּ אֶת־חַיֵּיהֶ֨ם בַּעֲבֹדָ֣ה קָשָׁ֗ה בְּחֹ֨מֶר֙ וּבִלְבֵנִ֔ים וּבְכָל־עֲבֹדָ֖ה בַּשָּׂדֶ֑ה אֵ֚ת כָּל־עֲבֹ֣דָתָ֔ם אֲשֶׁר־עָבְד֥וּ בָהֶ֖ם בְּפָֽרֶךְ׃

שים המרור במקום

בְּכָל-דּוֹר וָדוֹר חַיָּב אָדָם לְהַרְאוֹת אֶת-עַצְמוֹ כְּאִלּוּ הוּא יָצָא מִמִּצְרַיִם. שֶׁנֶּאֱמַר. וְהִגַּדְתָּ֣ לְבִנְךָ֔ בַּיּ֥וֹם הַה֖וּא לֵאמֹ֑ר בַּעֲב֣וּר זֶ֗ה עָשָׂ֤ה יְהוָה֙ לִ֔י בְּצֵאתִ֖י מִמִּצְרָֽיִם׃ שֶׁלֹּא אֶת אֲבוֹתֵינוּ בִּלְבַד גָּאַל הַקָּדוֹשׁ בָּרוּךְ הוּא. אֶלָּא אַף אוֹתָנוּ גָּאַל עִמָּהֶם. שֶׁנֶּאֱמַר. וְאוֹתָ֖נוּ הוֹצִ֣יא מִשָּׁ֑ם לְמַ֙עַן֙ הָבִ֣יא אֹתָ֔נוּ לָ֤תֶת לָ֙נוּ֙ אֶת־הָאָ֔רֶץ אֲשֶׁ֥ר נִשְׁבַּ֖ע לַאֲבֹתֵֽינוּ׃

71

One picks up the Marror and says the following text:

This marror [bitter greens] that we are eating, for the sake of what [is it]? For the sake [to commemorate] that the Egyptians embittered the lives of our ancestors in Egypt, as it is stated (Exodus 1:14); "And they made their lives bitter with hard service, in mortar and in brick, and in all manner of service in the field; in all their service, wherein they made them serve with rigor."

Put the marror in place.

In each and every generation, a person is obligated to see himself as if he left Egypt, as it is stated (Exodus 13:8); "For the sake of this, did the Lord do [this] for me in my going out of Egypt." Not only our ancestors did the Holy One, blessed be He, redeem, but rather also us [together] with them did he redeem, as it is stated (Deuteronomy 6:23); "And He took us out from there, in order to bring us in, to give us the land which He swore unto our fathers."

مصا را به جای خود برگردانده و در هنگام خواندن قسمت زیر بایستی سبزی تلخ (کاهو) را در دست گرفت.

این سبزی تلخی که ما می‌خوریم برای چیست؟ به یادبود آن است که مصریان زندگی اجداد ما را در مصر، تلخ و طاقت‌فرسا می‌کردند. چنان‌که گفته شده است: (خروج ۱:۱۴) «مصریان با کارهای سخت، با گل‌کاری و خشت مالی و با هر کار دیگری که در صحرا داشتند و با تمام کارهای دیگری که فرزندان ایسرائل برای مصریان می‌کردند و با مشقت و شکنجه توام بود، زندگی آنها را تلخ می‌نمودند.»

سبزی تلخ را به جای خود برگردانده و ادامه‌ی متن خوانده می‌شود.

در هر عصر و دوره‌ای انسان موظف است چنین وانمود کند که خودش به شخصه از مصر خارج شده است. همان‌طور که مرقوم است: (خروج ۱۳:۸) در آن روز به فرزندت اطلاع بده و به او اینطور بگو: به خاطر انجام همین فرامین بود که خداوند در موقع خروج من از مصر برای من معجزه‌ها نمود. چون که خداوند مقدس و متبارک نه فقط اجداد ما را از مصر نجات داد، بلکه ما را نیز همراه آنها از قید بندگی و مذلت رهایی بخشید. همان‌طور که مرقوم است: (تثنیه۶:۲۳) «و خود ما را از آنجا خارج ساخت تا آنکه ما را به آن کشوری که برای اجداد ما درباره‌ی آن قسم خورده بود، آورده و آن را به ما عطا کند.»

מַגִּיד, חֲצִי הַלֵּל

יכסה את המצה ולוקח את הכוס בידו עד גאל ישראל ויאמר

לְפִיכָךְ אֲנַחְנוּ חַיָּבִים. לְהוֹדוֹת. לְהַלֵּל. לְשַׁבֵּחַ. לְפָאֵר. לְרוֹמֵם. לְהַדֵּר. וּלְקַלֵּס לְמִי שֶׁעָשָׂה לַאֲבוֹתֵינוּ וְלָנוּ אֶת כָּל־הַנִּסִּים הָאֵלּוּ. הוֹצִיאָנוּ מֵעַבְדוּת לְחֵרוּת. וּמִשִּׁעְבּוּד לִגְאֻלָּה. וּמִיָּגוֹן לְשִׂמְחָה. וּמֵאֵבֶל לְיוֹם טוֹב. וּמֵאֲפֵלָה לְאוֹר גָּדוֹל. וְנֹאמַר לְפָנָיו הַלְלוּיָהּ:

הַלְלוּיָהּ | הַלְלוּ עַבְדֵי יְהֹוָה הַלְלוּ אֶת־שֵׁם יְהֹוָה: יְהִי שֵׁם יְהֹוָה מְבֹרָךְ מֵעַתָּה וְעַד־עוֹלָם: מִמִּזְרַח־שֶׁמֶשׁ עַד־מְבוֹאוֹ מְהֻלָּל שֵׁם יְהֹוָה: רָם עַל־כָּל־גּוֹיִם | יְהֹוָה עַל הַשָּׁמַיִם כְּבוֹדוֹ: מִי כַּיהֹוָה אֱלֹהֵינוּ הַמַּגְבִּיהִי לָשָׁבֶת: הַמַּשְׁפִּילִי לִרְאוֹת בַּשָּׁמַיִם וּבָאָרֶץ: מְקִימִי מֵעָפָר דָּל מֵאַשְׁפֹּת יָרִים אֶבְיוֹן: לְהוֹשִׁיבִי עִם־נְדִיבִים עִם נְדִיבֵי עַמּוֹ: מוֹשִׁיבִי | עֲקֶרֶת הַבַּיִת אֵם־הַבָּנִים שְׂמֵחָה הַלְלוּיָהּ:

KADDESH
URCHATZ
KARPAS
YACHATZ
MAGID
ROCHTZA
MOTZI
MATZA
MAROR
KORECH
SHOLCHAN ORECH
TZAFON
BARECH
HALEL
NIRTZA

MAGID, FIRST HALF OF HALLEL

One should cover the Matzot and pick up the cup of wine until the גְּאַל יִשְׂרָאֵל .

Therefore we are obligated to thank, praise, laud, glorify, exalt, lavish, bless, raise high, and acclaim He who made all these miracles for our ancestors and for us: He brought us out from slavery to freedom, from sorrow to joy, from mourning to [celebration of] a festival, from darkness to great light, and from servitude to redemption. And let us say a new song before Him, Halleluyah!

Halleluyah! Praise, servants of the Lord, praise the name of the Lord. May the Name of the Lord be blessed from now and forever. From the rising of the sun in the East to its setting, the name of the Lord is praised. Above all nations is the Lord, His honor is above the heavens. Who is like the Lord, our God, Who sits on high; Who looks down upon the heavens and the earth? He brings up the poor out of the dirt; from the refuse piles, He raises the destitute. To seat him with the nobles, with the nobles of his people. He seats a barren woman in a home, a happy mother of children. Halleluyah! (Psalms 113)

مگید، نیمه ی اول هلل

روی مصاها را پوشانیده و پیاله‌ی پر از یائین را تا گفتن کلمات גְּאַל יִשְׂרָאֵל در دست نگه می‌داریم.

بنابراین ما موظفیم که شکر بگوییم، تهلیل نماییم، تسبیح بخوانیم، مفتخر بدانیم، بلند مرتبه بنامیم، پرشکوه بدانیم و تمجید بگوییم به درگاه خدایی که برای خود ما و اجداد ما، تمام این معجزات را نمود. ما را از بندگی و بردگی رهایی داد و آزادی بخشید، و از خدمتکاری به نجات، از غم و غصه به شادی و از ماتم به روز عید و خوشی و از تاریکی به روشنایی رسانید. پس می‌گوییم به حضور او، هللویا (مدح بگویید خدای لایزال را).

مدح بگویید خدای لایزال را، مدح بگویید ای بندگان خدا. مدح بگویید نام خدا را. نام خداوند متبارک باشد از حال تا ابد. نام خداوند ممدوح است از مشرق تا مغرب. خداوند بر تمام ملل، متعال است و جلال او بر آسمان هاست. کیست چون خدای خالق ما، که محل نزول اجلال او رفیع است، که نظر خود را به پایین می‌افکند تا اوضاع آسمان و زمین را بنگرد؟! آن خدایی که ذلیل را از خاک بلند می‌کند، و مسکین را از خاکروبه‌ها برمی‌افرازد، تا آنکه آنها را با نجیب‌زادگان همنشین کند، با نجیب‌زادگان قوم خودش. آنکه زن نازا را خانه‌نشین می‌کند تا او را مادر فرزندان نموده و خوشحالش سازد. مدح بگویید خدای لایزال را. (مزامیر۱۱۳)

בְּצֵאת יִשְׂרָאֵל מִמִּצְרָיִם בֵּית יַעֲקֹב מֵעַם לֹעֵז: הָיְתָה יְהוּדָה לְקָדְשׁוֹ יִשְׂרָאֵל מַמְשְׁלוֹתָיו: הַיָּם רָאָה וַיָּנֹס הַיַּרְדֵּן יִסֹּב לְאָחוֹר: הֶהָרִים רָקְדוּ כְאֵילִים גְּבָעוֹת כִּבְנֵי־צֹאן: מַה־לְּךָ הַיָּם כִּי תָנוּס הַיַּרְדֵּן תִּסֹּב לְאָחוֹר: הֶהָרִים תִּרְקְדוּ כְאֵילִים גְּבָעוֹת כִּבְנֵי־צֹאן: מִלִּפְנֵי אָדוֹן חוּלִי אָרֶץ מִלִּפְנֵי אֱלוֹהַ יַעֲקֹב: הַהֹפְכִי הַצּוּר אֲגַם־מָיִם חַלָּמִישׁ לְמַעְיְנוֹ־מָיִם:

מַגִּיד, כּוֹס שְׁנִיָּה

בָּרוּךְ אַתָּה יְהוָֹה אֱלֹהֵינוּ מֶלֶךְ הָעוֹלָם. אֲשֶׁר גְּאָלָנוּ וְגָאַל אֶת אֲבוֹתֵינוּ מִמִּצְרַיִם. וְהִגִּיעָנוּ הַלַּיְלָה הַזֶּה. לֶאֱכוֹל בּוֹ מַצָּה וּמָרוֹר. כֵּן יְהוָֹה אֱלֹהֵינוּ וֵאלֹהֵי אֲבוֹתֵינוּ הַגִּיעֵנוּ לְמוֹעֲדִים וְלִרְגָלִים אֲחֵרִים הַבָּאִים לִקְרָאתֵנוּ לְשָׁלוֹם. שְׂמֵחִים בְּבִנְיַן עִירָךְ. וְשָׂשִׂים בַּעֲבוֹדָתָךְ. וְנֹאכַל שָׁם מִן הַזְּבָחִים וּמִן הַפְּסָחִים אֲשֶׁר יַגִּיעַ דָּמָם עַל קִיר מִזְבַּחֲךָ לְרָצוֹן. וְנוֹדֶה לְּךָ שִׁיר חָדָשׁ עַל גְּאֻלָּתֵנוּ וְעַל פְּדוּת נַפְשֵׁנוּ. בָּרוּךְ אַתָּה יְהוָֹה גָּאַל יִשְׂרָאֵל:

וישתה את הכוס בהסבה בלי ברכה

In Israel's going out from Egypt, the house of Ya'akov from a people of foreign speech, Yehudah became His holy nation, Israel His dominion. The Sea saw and fled, the Jordan turned to the rear. The mountains danced like rams, the hills like young sheep. What is happening to you, O Sea, that you are fleeing, O Jordan that you turn to the rear; O mountains that you dance like rams, O hills like young sheep? From before the Master, tremble O earth, from before the Lord of Ya'akov. He who turns the boulder into a pond of water, the flint into a spring of water. (Psalms 114)

هنگامی که بنی اسرائیل، مصر را ترک کرد و خاندان یعقوب از سرزمین بیگانه خارج شد، [سبط] یهودا، مقدس او [خداوند] شد و ایسرائل مقّر حکومت و سلطنتِ وی. دریا این را دید و گریخت و رود اُردُن به عقب برگشت. کوه‌ها چون قوچ‌ها به رقص درآمدند و تپه‌ها مانند بره‌ها جست‌وخیز کردند. ای دِریا تو را چه شد که گریختی و ای رود اُردُن چرا به عقب برگشتی؟ ای کوه‌ها، چرا چون قوچ‌ها به رقص درآمدید، ای تپه‌ها، چرا مانند بره‌ها جست‌وخیز کردید؟ ای زمین از حضور آقای جهان، لرزان و متزلزل شو از حضور خدای یعقوب، آن خدایی که صخره را به برکه‌ی آب و سنگ خارا را به چشمه‌ی آب روان مبدل می‌کند. (مزامیر۱۱۴)

MAGID, SECOND CUP OF WINE

Blessed are You, Lord our God, King of the universe, who redeemed us and redeemed our ancestors from Egypt, and brought us on this night to eat matza and marror; so too, Lord our God, and God of our ancestors, bring us to other appointed times and holidays that will come to greet us in peace, joyful in the building of your city and happy in your worship; that we should eat there from the offerings and from the Pesach sacrifices, the blood of which should reach the wall of your altar for favor, and we shall thank you with a new song upon our redemption and upon the restoration of our souls. Blessed are you, Lord, who redeemed Israel.

One drinks the cup leaning on the left hand without making a Blessing.

مگید، پیاله‌ی دوم

متبارک هستی تو ای خدای خالق ما، پادشاه عالم که ما را نجات بخشیدی، و اجداد ما را از سرزمین مصر رهایی دادی، و ما را به امشب رسانیدی که در آن مصا و سبزی تلخ بخوریم. و همین طور ای خدای خالق ما و خالق اجداد ما، ما را به مُعِدها و جشن‌های دیگری که به جلویَ ما می‌آیند به سلامتی برسان. شاد باشیم از آبادی شهر مقدست یروشالییم و خوشحال به عبادت تو و در آنجا از ذبایح و قربانی‌های پسح که خون آن‌ها بر دیواره‌ی قربانگاه تو با رضایت خواهد رسید بخوریم و به خاطر نجات و آزادی جانمان با سرودی تازه به درگاه تو شکرانه بگوییم. متبارک هستی تو ای خدای نجات دهنده‌ی ایسرائل.

در اینجا پیاله‌ی یائین را بدون براخا و با تکیه دادن بر روی آرنج چپ می‌نوشیم.

רָחְצָה

ירחץ ידיו. וקודם שינגבן יגביהן כנגד פניו ויברך

בָּרוּךְ אַתָּה יְהֹוָה. אֱלֹהֵינוּ מֶלֶךְ
הָעוֹלָם. אֲשֶׁר קִדְּשָׁנוּ
בְּמִצְוֹתָיו וְצִוָּנוּ עַל נְטִילַת יָדָיִם:

מוֹצִיא מַצָּה

יקח שלשת המצות (שתי השלמות והפרוסה שביניהן)
ויברך המוציא וישמיט מצה התחתונה ויברך על
השלימה והפרוסה על אכילת מצה ויבצע שתי כזיתות
(נ"ח גרם) משתיהן יחד ויאכלם בהסבה ויזהר שלא
ידבר בדברים חיצונים בין אכילת מצה לאכילת הכורך

קודם שיברך המוציא יאמר

עֵינֵי־כֹל אֵלֶיךָ יְשַׂבֵּרוּ וְאַתָּה נוֹתֵן
לָהֶם אֶת־אָכְלָם בְּעִתּוֹ:
פּוֹתֵחַ אֶת־יָדֶךָ (ר"ת פא"י שהוא מספר יאהדונהי
ומספר סא"ל וס"ת חת"ך) וּמַשְׂבִּיעַ (כמספר
חת"ך) לְכָל־חַי רָצוֹן:

ROCHTZAH

رختصا

"Rochtza" means "Washing".

«رُختصا» به معنی «شستشو» است.

one should wash their hands; and before dry them, raise their hands and say the following blessing:

هر کس دستان خود را طبق هلاخا شسته و قبل ازخشک کردن، آن‌ها را بلند نموده و این براخا را بگوید:

Blessed are You, Lord our God, King of the Universe, who has sanctified us with His commandments and has commanded us on the washing of the hands.

متبارک هستی تو ای خدای خالق ما، پادشاه عالم که ما را با فرامین خود تقدیس نموده و درباره‌ی شستن دست‌ها به ما دستور داده‌ای.

MOTZI MATZAH

موتصی متصا

One takes all three Matzot and says Hamotzi. One then drops the lowest Matza and then says Al Achilat Matza on the remaining two. One then eats two Kizeitot of Matza while leaning on the left side.

فردی که هموصی می‌گوید، تمام آن سه مصا (دو مصای درست و یک مصای نصفه) را گرفته و روی آن‌ها براخای هموصی بگوید. سپس مصای سوم را به جای خودش برگردانده و روی دو مصای باقی مانده، براخای עַל אֲכִילַת מַצָּה بگوید. بعد از آن، تمام افراد دو تا ۳۰ گرم از دو مصا را با تکیه بر روی دست چپ، بخورند.

One should make sure not to speak until after Korech. (So these three mitzvah i.e. Hamotzi, Marror and Korech, should be done without interruption, one after the other.)

افراد باید مواظب باشند که از اینجا تا مرحله‌ی کُرِخ (خوردن مصا و مارُر با هم) راجع به موضِوعاتی که مربوط به این میصواها نیستند صحبت نکنند. (بنابراین، این سه میصوا یعنی هموصی، مارُر و کُرِخ می‌بایست بدون وقفه یکی پس از دیگری انجام گیرد.)

Say the following before saying Hamotzi:

قبل از براخای هموصی، قسمت زیر خوانده می‌شود:

The eyes of all look to You with expectation, and You give them their food in its time. You open Your hand and satiate every living thing.

چشمان همه‌ی موجودات به تو امیدوارند و تو هم خوراک آنان را به موقع خود به ایشان می‌دهی. دست مرحمتت را می‌گشایی و هر موجود زنده‌ای را با رضایت و عطوفت سیر می‌کنی.

בָּרוּךְ אַתָּה יְהֹוָה. אֱלֹהֵינוּ מֶלֶךְ
הָעוֹלָם. הַמּוֹצִיא לֶחֶם מִן
הָאָרֶץ:

בָּרוּךְ אַתָּה יְהֹוָה. אֱלֹהֵינוּ מֶלֶךְ
הָעוֹלָם. אֲשֶׁר קִדְּשָׁנוּ
בְּמִצְוֹתָיו וְצִוָּנוּ עַל אֲכִילַת מַצָּה:

מרור

יקח כזית (כ"ט גרם) מרור ויטבל אותו בחרוסת וינער
מעט מהחרוסת שעליו כדי שישאר בו קצת מרירות

ואחר כך יברך ויאכלנו בלי הסבה

בָּרוּךְ אַתָּה יְהֹוָה. אֱלֹהֵינוּ מֶלֶךְ
הָעוֹלָם. אֲשֶׁר קִדְּשָׁנוּ
בְּמִצְוֹתָיו וְצִוָּנוּ עַל אֲכִילַת מָרוֹר:

Blessed are You, Lord our God, King of the Universe, who brings forth bread from the ground.

متبارک هستی تو ای خدای خالق ما، پادشاه عالم که نان را از زمین به عمل می‌آوری.

Blessed are You, Lord our God, King of the Universe, who has sanctified us with His commandments and has commanded us on the eating of matza.

متبارک هستی تو ای خدای خالق ما، پادشاه عالم که ما را با فرامین خود تقدیس کرده و درباره‌ی خوردن نان فطیر به ما دستور داده‌ای.

MARROR

مارر

“Marror” means “bitter herb”. The best option for the bitter herb is “lettuce”.

“Haroset” that is a sweet mixture of fruit purees and spices and has a color and texture similar to mud, is derived from the Hebrew word חרס meaning “mud” and is the symbol of mud and mortar that Israelite used them to make bricks for Egyptians.

Here, one takes a K’za’it of Marror (lettuce) and dips in the Haroset. One should shake off the Haroset so the taste stays bitter.

We make the B’rachah and do not lean when eating the Marror.

«مارُر» به معنی «سبزی تلخ» است. بهترین گزینه برای سبزی تلخ، «کاهو» می‌باشد.

«حَلَق» (حَروِست) که مخلوطی شیرین از پوره‌ی میوه‌ها و ادویه‌ها است و رنگ و بافتی شبیه به گِل دارد، از واژه‌ی عبری חרס به معنی «گِل» گرفته شده است و نماد گِل و ملاتی است که بنی اسراییل از آن‌ها، برای مصریان آجر می‌ساختند.

در اینجا هر کس حداقل ۳۰ گرم مارُر (کاهو) را گرفته و در حَروِست (حلق) فرو کند. برای اینکه مزه‌ی تلخی مارُر (کاهو) حس شود، آن را کمی بتکاند تا از مقدار حلقی که به آن چسبیده است، کاسته شود.

سپس براخای زیر را بگوید و بدون تکیه بر سمت چپ، آن را بخورد.

Blessed are You, Lord our God, King of the Universe, who has sanctified us with His commandments and has commanded us on the eating of marror.

متبارک هستی تو ای خدای خالق ما، پادشاه عالم که ما را با فرامین خود تقدیس نموده و به ما درباره‌ی خوردن سبزی تلخ دستور داده‌ای.

כּוֹרֵךְ

יקח מצה השלישית ויבצע ממנה בזית ויקח כזית מרור
ויכרוך שניהם יחד ויטבלם בחרוסת ויאמר

מַצָּה וּמָרוֹר בְּלֹא בְּרָכָה. זֵכֶר
לַמִּקְדָּשׁ. בְּיָמֵינוּ יְחֻדָּשׁ.
כְּהִלֵּל הַזָּקֵן שֶׁהָיָה כּוֹרְכָן וְאוֹכְלָן בְּבַת
אַחַת. לְקַיֵּם מַה-שֶּׁנֶּאֱמַר. עַל-מַצּוֹת
וּמְרֹרִים יֹאכְלֻהוּ:

ויאכלם בהסבה

שׁוּלְחָן עוֹרֵךְ

יאכל סעודתו בשמחה ולא ישבע הרבה כדי שיוכל
לאכול אפיקומן בתיאבון

יאכל ביצה וקודם שיאכלנה יאמר

זֵכֶר לְקָרְבַּן חֲגִיגָה

KADDESH
URCHATZ
KARPAS
YACHATZ
MAGID
ROCHTZA
MOTZI
MATZA
MAROR
KORECH
SHOLCHAN ORECH
TZAFON
BARECH
HALEL
NIRTZA

KORECH

کُرخ

"Korech" means "Wrap".

«کُرخ» به معنی «پیچیدن با هم» می‌باشد.

One takes a K'za'it of the third Matza with K'za'it of Marror (lettuce) and dips it in Haroset and says:

هر کس حدود ۳۰ گرم از مصای سومی، همراه با ۳۰ گرم از مارُر (کاهو) را گرفته، آن‌ها را با هم پیچیده و در حلق زده و قسمت زیر را بخواند.

Matza and Marror eaten without brachah, are in remembrance of Bet Hamikdash (may it be renewed in our days) like the practice of Hillel the Elder who used to sandwich and eat together, in order to fulfill what is stated, (Numbers 9:11): "They shall eat it (Pesach sacrifice) with matzot and marrorim."

مصا و مارُری (سبزی تلخی) که بدون براخا، خورده می‌شود به یاد دوره‌ی آبادی بت همیقداش است (که امیدواریم در ایّام ما تجدید بنا شود)؛ همان‌طور که هیلل، آن دانشمند سالخورده، آن‌ها را به هم می‌پیچید و یک‌جا می‌خورد، تا مُفاد جمله‌ی زیر را که در توراه آمده است، به جا آورد: (اعداد ۹:۱۱) «آن (گوشت قربان پسح) را همراه با مصا و سبزیجات تلخ، بخورند».

One eats the Korech sandwich leaning on the left side.

سپس در حالتی که بر دست چپ تکیه داده است، آن‌ها را بخورد.

SHULCHAN ORECH

شولخان عرخ

One eats the meal joyously. One should not eat too much in order to be able to enjoy the Afikoman.

در اینجا شام با شادی خورده می‌شود، ولی نبایستی کاملا خود را سیر نمود تا بتوان افیقومان را با اشتها و میل خورد.

Before eating the dinner, One should eats egg; and says before eating it:

پیش از صرف شام، تخم‌مرغ خورده می‌شود و قبل از خوردن آن، عبارت زیر گفته می‌شود:

In memory of the festival sacrifice.

به یاد قربانی حگیگا (جشن عید).

צפון

אחר שגמר סעודתו יקח חצי המצה שהייתה צפונה לאפיקומן ויאכל ממנו שתי כזיתות בהסבה ואם הוא חלש וקשה עליו לאכול שתי כזיתות יאכל רק כזית אחת ויאכל אותו במקום אחד ולא בשתי מקומות ויזהר לאכלו קודם חצות ולא יאכל שום דבר אחריו וקודם שיאכלנו יאמר

זֵכֶר לְקָרְבַּן פֶּסַח הַנֶּאֱכָל עַל הַשֹּׂבַע:

ברך

ברך, ברכת המזון

ימזגו כוס של אליהו ופותחים את הדלת יטול מים אחרונים ויאחז בידו כוס שלישי ויברך ברכת המזון וקודם שיברך יאמר

לַמְנַצֵּחַ בִּנְגִינֹת מִזְמוֹר שִׁיר: אֱלֹהִים יְחָנֵּנוּ וִיבָרְכֵנוּ יָאֵר פָּנָיו

83

TZAFUN

صافون

"Tzafun" means "The Concealed [Matza]."

"Afikoman" means "that which comes after" or "dessert."

After the end of the meal, all those present take a kazayit from the matza that was concealed for the Afikoman and eat two kazayits (60 g) from it. If it's hard for one to eat two kazayits, eat only one kazayit (30 g). It must be eaten before midnight and only in one spot. Nothing should be eaten after that.

One says before eating Afikoman:

In memory of the Pesach sacrifice that was eaten upon being satiated.

واژه‌ی «صافون» به معنی ((مصای) پنهان شده)) است.

واژه‌ی «افیقومان» به معنی «دسر» یا «چیزی که بعد آورده می‌شود» می‌باشد.

بعد از خاتمه‌ی شام، هر کس، نصف مصایی را که به عنوان افیقومان پنهان شده است گرفته و به اندازه‌ی ۶۰ گرم و در صورتی که برایش مشکل باشد، به اندازه‌ی ۳۰ گرم از آن را بخورد. باید بر حذر بود که تمامی آن در یک مکان خورده شود و از خوردن آن در دو نقطه‌ی مختلف (حتی در یک اتاق) خودداری کند. مواظب باشد که افیقومان قبل از نیمه‌ی شب خورده شود و بعد از خوردن افیقومان چیز دیگری نخورد.

قبل از خوردن افیقومان این جمله خوانده می‌شود.

به یادبود گوشت بره‌ی قربانی پسح که بعد از سیری خورده می‌شد.

BARECH

بارخ

BARECH, BIRKAT HAMAZON

بارخ، بیرکت همازِن

We pour the cup of Eliyahu Hannavi (third cup) and open the door, take Mayim Acharonim (Netilah without beracha) and hold the third cup in hand and say the Birkat Hamazon.

One say before the Birkat Hamazon:

For the conductor, on neginoth; a psalm, a song. God will be gracious to us and

پیاله‌ی الیاهو هناوی (پیاله‌ی سوم) را پر کرده، درب را باز گذاشته، دستان را (با کمی آب و بدون براخا) نطیلای آخر گرفته، پیاله‌ی سوم را در دست گرفته و بیرکت همازن می‌گوییم.

قبل از گفتن بیرکت همازُن این میزمُر خوانده می‌شود.

سرودی از سالار مُغَنیان که با نگینوت (نوعی ساز) سروده می‌شد.

TZAFON

BARECH

HALEL

NIRTZA

אִתָּנוּ סֶלָה: לָדַעַת בָּאָרֶץ דַּרְכֶּךָ בְּכָל־
גּוֹיִם יְשׁוּעָתֶךָ: יוֹדוּךָ עַמִּים | אֱלֹהִים יוֹדוּךָ
עַמִּים כֻּלָּם: יִשְׂמְחוּ וִירַנְּנוּ לְאֻמִּים כִּי־
תִשְׁפֹּט עַמִּים מִישׁוֹר וּלְאֻמִּים | בָּאָרֶץ
תַּנְחֵם סֶלָה: יוֹדוּךָ עַמִּים | אֱלֹהִים יוֹדוּךָ
עַמִּים כֻּלָּם: אֶרֶץ נָתְנָה יְבוּלָהּ יְבָרְכֵנוּ
אֱלֹהִים אֱלֹהֵינוּ: יְבָרְכֵנוּ אֱלֹהִים וְיִירְאוּ
אֹתוֹ כָּל־אַפְסֵי־אָרֶץ:

אֲבָרְכָה אֶת־יְהֹוָה בְּכָל־עֵת תָּמִיד
תְּהִלָּתוֹ בְּפִי: סוֹף דָּבָר
הַכֹּל נִשְׁמָע אֶת־הָאֱלֹהִים יְרָא וְאֶת־
מִצְוֹתָיו שְׁמוֹר כִּי־זֶה כָּל־הָאָדָם: תְּהִלַּת
יְהֹוָה יְדַבֶּר־פִּי וִיבָרֵךְ כָּל־בָּשָׂר שֵׁם קָדְשׁוֹ
לְעוֹלָם וָעֶד: וַאֲנַחְנוּ | נְבָרֵךְ יָהּ מֵעַתָּה
וְעַד־עוֹלָם הַלְלוּיָהּ: וַיְדַבֵּר אֵלַי זֶה הַשֻּׁלְחָן
אֲשֶׁר לִפְנֵי יְהֹוָה:

bless us; He will cause His countenance to shine with us forever. That Your way should be known on earth, Your salvation among all nations. Peoples will thank You, O God; peoples will thank You, yea, all of them. Kingdoms will rejoice and sing praises, for You will judge peoples fairly, and the kingdoms-You will lead them on earth forever. Peoples will thank You, O God; peoples will thank You, yea, all of them. The earth gave forth its produce; God, our God, will bless us. God will bless us, and all the ends of the earth will fear Him. (Psalms 67)

I will bless the Lord at all times; His praise is always in my mouth (Psalms 34:2). "The end of the matter, everything having been heard, fear God and keep His commandments, for this is the entire man" (Ecclesiastes 12:13). "My mouth will speak the praise of the Lord, and all flesh will bless His holy name forever and ever" (Psalms 145:21). "But we shall bless God from now until everlasting, Hallelujah!" (Psalms 115:18). «This is the table that is before the Lord» (Ezekiel 41:22).

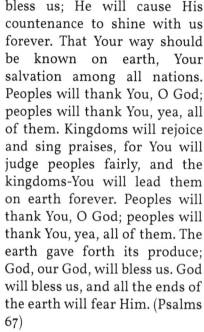

خداوند به ما مرحمت فرماید و ما را برکت دهد و نور حضور خود را بر ما تا به ابد درخشان نماید. تا آنکه طریقت تو در زمین معلوم شود و نجات تو در میان تمام ملل آشکار گردد. ای خدا، قوم‌ها به درگاه تو شکر بگویند، شکر بگویند با حضور تو همگی ملل. امت‌ها شاد شده و ترنم نمایند؛ زیرا که قوم‌ها را به عدل داوری می‌کنی و امت‌ها را در زمین تا به ابد هدایت می‌نمایی. ای خدا، قوم‌ها به درگاه تو شکر بگویند، به حضور تو همگی ملل. زمین محصول خود را داده است، خداوند خدای ما، ما را برکت خواهد بخشید. خدا ما را برکت خواهد نمود، و تمامی کرانه‌های زمین از او خواهند ترسید. (مزامیر ۶۷)

خدا را در همه وقت آفرین می‌گویم و مدح او همواره در دهان من است (مزامیر۳۴:۲). آخر الامر، همه چیز شنیده می‌شود، پس از خدا بترس و اوامر او را نگه دار، زیرا این است هدف زندگی هر آدمی (جامعه۱۲:۱۳). دهان من مدح خدا را می‌گوید هر بشری آفرین می‌گوید نام مقدس او را تا ابدالآباد (مزامیر۱۴۵:۲۱). و ما خدا را از حالا تا ابد، آفرین خواهیم گفت، هللویا، مدح بگویید خدا را (مزامیر۱۱۵:۱۸). به من گفت این سفره‌ای است که به حضور خداوند آراسته شده است (حزقیئل۴۱:۲۲).

אם הם שלשה אומר המברך

הַב לָן וְנִבְרִיךְ לְמַלְכָּא עִלָּאָה קַדִּישָׁא:

(עונים שָׁמַיִם)

בִּרְשׁוּת מַלְכָּא עִלָּאָה קַדִּישָׁא.

(בשבת וּבִרְשׁוּת שַׁבָּת מַלְכְּתָא.)

וּבִרְשׁוּת יוֹמָא טָבָא אוּשְׁפִּיזָא קַדִּישָׁא.
וּבִרְשׁוּתְכֶם. נְבָרֵךְ (בעשרה ויותר
אֱלֹהֵינוּ) שֶׁאָכַלְנוּ מִשֶּׁלּוֹ:

והמסובים והוא עונים

בָּרוּךְ (בעשרה ויותר אֱלֹהֵינוּ) שֶׁאָכַלְנוּ מִשֶּׁלּוֹ
וּבְטוּבוֹ הַגָּדוֹל חָיִינוּ:

בָּרוּךְ אַתָּה יְהֹוָה. אֱלֹהֵינוּ מֶלֶךְ הָעוֹלָם. הָאֵל הַזָּן אוֹתָנוּ וְאֶת-הָעוֹלָם כֻּלּוֹ בְּטוּבוֹ. בְּחֵן בְּחֶסֶד בְּרֵיוַח וּבְרַחֲמִים רַבִּים. נֹתֵן לֶחֶם לְכָל-בָּשָׂר כִּי לְעוֹלָם חַסְדּוֹ. וּבְטוּבוֹ הַגָּדוֹל תָּמִיד לֹא חָסַר לָנוּ. וְאַל יֶחְסַר לָנוּ מָזוֹן תָּמִיד לְעוֹלָם וָעֶד. כִּי הוּא אֵל זָן וּמְפַרְנֵס לַכֹּל. וְשֻׁלְחָנוֹ עָרוּךְ לַכֹּל. וְהִתְקִין מִחְיָה וּמָזוֹן לְכָל-בְּרִיּוֹתָיו אֲשֶׁר בָּרָא בְּרַחֲמָיו

87

If 3 men at least 13 years old present in the household, one of them says the following Zimon:

Let us bless the Supreme Holy King

(others answer: Heaven)

With permission of the Supreme Holy King.

(In Shabbat: And with permission of queen Shabbat.)

And with permission of the holy and guest Yom Tov and with permission of yours:

Let us bless (In the circle of 10 men or more: our god) from whom we have eaten.

The others and also the one says Zimon answer:

Bless is (In the circle of 10 men or more: our god) from whom we have eaten and from whose goodness we live.

Blessed are You, Lord, our God, King of the universe. The God, Who feeds us and the entire world, with His Goodness, with Grace, with Kindness, with Abundance, and with great Mercy. He Provides bread to all flesh – because forever is His kindness. (Psalms 136:25) And with His great goodness, we continually never lack. And May You never let us lack food continually forever and ever. For He is God, Who feeds and provides livelihood to everyone. And His table is set for

اگر در مجلس ۳ نفر فرد ذکور سیزده‌ساله به بالا حضور داشته باشد، یکی از آنها، زیمون زیر را می‌گوید:

بیایید متبارک داریم پادشاه عالی رتبه‌ی مقدس را.

(بقیه جواب می‌دهند: خداوند را)

با اجازه‌ی پادشاه عالی رتبه‌ی مقدس.

(در شبات: و با اجازه‌ی شبات ملکه.)

و با اجازه‌ی یوم طوو مهمان و مقدس و با اجازه‌ی شما سروران:

بیاید متبارک داریم (در محفل ۱۰ نفر ذکور یا بیشتر: خدایمان) کسی را که از نعماتش خورده‌ایم.

بقیه‌ی حضار و خود گوینده‌ی زیمون جواب می‌دهند:

متبارک است (در محفل ۱۰ نفر ذکور یا بیشتر: خدایمان) که از نعماتش خورده‌ایم و با الطافش زنده‌ایم.

متبارک هستی تو ای خدای خالق ما، پادشاه عالم. آن خدایی که به ما و به همه‌ی اهل عالم با خوبی خود، با آبرو و احسان و با رفاه و رحمت بسیار، روزی می‌رساند. به همه‌ی موجودات زنده خوراکی می‌دهد، زیرا احسان او ابدی است. و به واسطه‌ی خوبی زیاد او، هرگز کسری نداشته‌ایم، و هرگز هم روزی ما کسر نخواهد آمد تا ابدالآباد. زیرا او است که به همه، معاش و نفقه می‌دهد و خوان نعمتش جلوی همگان، گسترده است. اوست که وسیله‌ی زندگی و روزی را برای تمام مخلوقات خودش

וּבְרוֹב חֲסָדָיו. כָּאָמוּר. פּוֹתֵחַ אֶת־יָדֶךָ (ר״ת פא״י שהוא מספר יאהדונהי ומספר סא״ל וס״ת חת״ך) וּמַשְׂבִּיעַ (כמספר חת״ך) לְכָל־חַי רָצוֹן. בָּרוּךְ אַתָּה יְהֹוָה. הַזָּן אֶת-הַכֹּל:

נוֹדֶה לְּךָ יְהֹוָה אֱלֹהֵינוּ עַל שֶׁהִנְחַלְתָּ לַאֲבוֹתֵינוּ. אֶרֶץ חֶמְדָּה טוֹבָה וּרְחָבָה. בְּרִית וְתוֹרָה חַיִּים וּמָזוֹן. עַל שֶׁהוֹצֵאתָנוּ מֵאֶרֶץ מִצְרַיִם. וּפְדִיתָנוּ מִבֵּית עֲבָדִים. וְעַל בְּרִיתְךָ שֶׁחָתַמְתָּ בִּבְשָׂרֵנוּ. וְעַל תּוֹרָתְךָ שֶׁלִּמַּדְתָּנוּ. וְעַל חֻקֵּי רְצוֹנָךְ שֶׁהוֹדַעְתָּנוּ. וְעַל חַיִּים וּמָזוֹן שֶׁאַתָּה זָן וּמְפַרְנֵס אוֹתָנוּ:

עַל הַכֹּל יְהֹוָה אֱלֹהֵינוּ אֲנַחְנוּ מוֹדִים לָךְ. וּמְבָרְכִים אֶת-שְׁמָךְ. כָּאָמוּר. וְאָכַלְתָּ וְשָׂבָעְתָּ וּבֵרַכְתָּ אֶת־יְהֹוָה אֱלֹהֶיךָ עַל־הָאָרֶץ הַטֹּבָה אֲשֶׁר נָתַן־לָךְ. בָּרוּךְ אַתָּה יְהֹוָה. עַל הָאָרֶץ וְעַל הַמָּזוֹן:

רַחֵם יְהֹוָה אֱלֹהֵינוּ עָלֵינוּ וְעַל יִשְׂרָאֵל עַמָּךְ. וְעַל יְרוּשָׁלַיִם עִירָךְ. וְעַל הַר צִיּוֹן מִשְׁכַּן כְּבוֹדָךְ. וְעַל הֵיכָלָךְ. וְעַל

KADDESH
URCHATZ
KARPAS
YACHATZ
MAGID
ROCHTZA
MOTZI
MATZA
MAROR
KORECH
SHOLCHAN ORECH
TZAFON
BARECH
HALEL
NIRTZA

all. For He prepares sustenance and food for all His creations that He created with His mercy and great kindness. As it says "You Open Your Hand, and You Satiate all the Living with its wants." (Psalms 145:16). Blessed are You, Lord, our God, King of the universe Who feeds all.

که آنها را با رحمت و با کثرت احسانش آفریده، آماده کرده است. همان‌طور که مرقوم است: (مزامیر۱۴۵:۱۶) «دستت را می‌گشایی و هر موجود زنده‌ای را با رضایت سیر می‌کنی.» آفرین هستی تو خدایی که همگان را روزی می‌دهی.

We thank You, Lord, our God, that You bequeathed to our Forefathers a desirable, good and spacious land, a Covenant and Torah, life and food. And that You took us out from the land of Egypt and that You redeemed us from the house of bondage. And upon the Your Covenant that you stamped upon our flesh. And for Your Torah that You taught us. And upon the laws of Your Will – that You taught us. And upon life, and food that you feed and sustain us.

ای خدای خالق ما، برای اینکه سرزمینی مرغوب و خوب و پهناور نصیب اجداد ما نمودی، پیمان خود را با ما بستی و توراه و زندگی و خوراکی به ما عطا فرمودی و به جهت اینکه ما را از کشور مصر خارج نمودی و از خانه‌ی غلامان بازخریدی و به خاطر سنّت ختنه‌ای که در بدن ما مهر نمودی، و به سبب توراه مقدست که به ما آموختی، و قوانینی که از روی رضا و مرحمت به ما تعلیم دادی و برای زندگی و رزق و معاشی که به ما می‌دهی، به درگاه تو شکر می گوییم.

And Upon all, Lord, our God, do we thank You and bless Your Name. As it says "And you shall eat and be satiated and you shall bless the Lord, our God for the good land that He gave you." Blessed are You, Lord, for the land and the food.

ای خدای خالق ما، به خاطر همه‌ی این‌ها، ما به درگاه تو شکر می گزاریم و همان‌طور که در توراه مرقوم است (تثنیه ۸:۱۰): «بخور و سیر شو و خدای خالقت را بخاطر سرزمین خوبی که به تو عطا فرموده است متبارک بخوان»، نام عزیزت را متبارک می‌خوانیم. متبارک هستی تو ای خدا، به خاطر سرزمین و به خاطر رزق و روزی که به ما عطا فرموده ای.

Have Mercy Lord, our God upon us and upon Israel Your people and upon Jerusalem, Your city. And upon Mount Tzion – the Tabernacle of Your glory and upon Your sanctuary. And upon Your Abode and upon Your Inner Chamber.

ای خدای خالق ما، بر ما و بر ایسرائل قوم خودت، بر یروشالییم شهر تو، بر کوه صیون مسکن جلالت، بر محراب

מְעוֹנֶךָ. וְעַל דְּבִירֶךָ. וְעַל הַבַּיִת הַגָּדוֹל וְהַקָּדוֹשׁ שֶׁנִּקְרָא שִׁמְךָ עָלָיו. אָבִינוּ. רְעֵנוּ. זוּנֵנוּ. פַּרְנְסֵנוּ. כַּלְכְּלֵנוּ. הַרְוִיחֵנוּ הַרְוַח-לָנוּ מְהֵרָה מִכָּל-צָרוֹתֵינוּ. וְנָא. אַל תַּצְרִיכֵנוּ יְהֹוָה אֱלֹהֵינוּ. לִידֵי מַתְּנוֹת בָּשָׂר וָדָם. וְלֹא לִידֵי הַלְוָאָתָם. אֶלָּא לְיָדְךָ הַמְּלֵאָה וְהָרְחָבָה. הָעֲשִׁירָה וְהַפְּתוּחָה. יְהִי רָצוֹן שֶׁלֹּא נֵבוֹשׁ בָּעוֹלָם הַזֶּה. וְלֹא נִכָּלֵם לְעוֹלָם הַבָּא. וּמַלְכוּת בֵּית דָּוִד מְשִׁיחָךְ תַּחֲזִירֶנָּה לִמְקוֹמָהּ בִּמְהֵרָה בְיָמֵינוּ:

בשבת אומרים

רְצֵה וְהַחֲלִיצֵנוּ יְהֹוָה אֱלֹהֵינוּ בְּמִצְוֹתֶיךָ וּבְמִצְוַת יוֹם הַשְּׁבִיעִי. הַשַּׁבָּת הַגָּדוֹל וְהַקָּדוֹשׁ הַזֶּה. כִּי יוֹם גָּדוֹל וְקָדוֹשׁ הוּא מִלְּפָנֶיךָ. נִשְׁבּוֹת בּוֹ וְנָנוּחַ בּוֹ וְנִתְעַנֵּג בּוֹ כְּמִצְוַת חֻקֵּי רְצוֹנָךְ. וְאַל תְּהִי צָרָה וְיָגוֹן בְּיוֹם מְנוּחָתֵנוּ. וְהַרְאֵנוּ בְּנֶחָמַת צִיּוֹן בִּמְהֵרָה בְיָמֵינוּ. כִּי אַתָּה הוּא בַּעַל הַנֶּחָמוֹת. וַהֲגַם שֶׁאָכַלְנוּ וְשָׁתִינוּ חָרְבַּן בֵּיתְךָ הַגָּדוֹל וְהַקָּדוֹשׁ לֹא שָׁכַחְנוּ. אַל תִּשְׁכָּחֵנוּ לָנֶצַח וְאַל תִּזְנָחֵנוּ לָעַד כִּי אֵל מֶלֶךְ גָּדוֹל וְקָדוֹשׁ אָתָּה:

And upon the great and holy abode upon which Your Name is called (Temple). Our father, Our Shepherd, Our Feeder, Our Sustainer, Our Provider. Our Deliverer. Deliver us speedily from all our sufferings. And please, let us not need, Lord, our God, from the hands [of others], gifts from flesh and blood. And not from their hands - their loans - rather from Your hand - Full and plentiful, rich and open. May it be Your Will that we will not be embarrassed in this world and we will not be denigrated in the next world. And upon the Kingship of the house of David Your Messiah - restore it in place speedily in our days.

On Shabbat, we add the following text:

May it please You, Lord our God, to give us Rest Hash•m, our God from your Commandments and from the commandments of the Seventh day, this Great and Holy Shabbat day, for this day is a great and holy day before you. Let us rest on it and let us have serenity and have pleasure with your commandments - the decrees of Your will. And do not let there be pain and suffering on the day of our rest. And let us see the consolation of Zion speedily in our days. For you are the one that is the master of rest. And even though we ate and drank, the destruction of the of your great and holy house – we did not forget. Do not forget us forever and do not abandon us forever, for you are G-d, a Great and Holy King.

و بر منزلگاه و بر قصرت، و بر خانه‌ی بزرگ و مقدسی که اسم تو بر آن خوانده شده است، رحم کن. ای پدر مهربان ما، ما را شبانی کن. رزق و روزی ما را مرحمت فرما. به کار ما گشایش بده و به زودی ما را از تمام عذاب‌هایمان راحتی بخش. ای خدا، ای خالق ما، تمنا داریم که ما را به دست سخاوت افراد بشر محتاج نگردانی و به قرض گرفتن از آنها نیازمند نسازی. بلکه می‌خواهیم فقط به دست قدرمند مملو و پهناور و ثروتمند و گشاده‌ی خودت چشم داشته باشیم تا آنکه نه در این دنیا خجل باشیم و نه در آن دنیا شرمنده گردیم و سلطنت خاندان داوید مسح شده‌ات را به زودی در ایّام ما به جای خودش بازگردان.

در شبات، قسمت زیر خوانده می‌شود:

ای خدای خالق ما، از ما راضی باش؛ ما را با فرامینت و با فرمان روز هفتم یعنی این روز شبات بزرگ و مقدس تقویت کن. زیرا این روز به درگاه تو بزرگ و مقدس است. در این روز شبات، ما کارهای خود را تعطیل می‌کنیم و طبق فرمان و قوانین مورد رضایت تو از آن لذت می‌بریم. در این روز استراحت، عذاب و غم و غصه‌ای برای ما پدید نیاید و به زودی در عصر ما، تسلی صیون را بر ما آشکار فرما، زیرا تو صاحب تسلی هستی. هر چند که خوردیم و نوشیدیم ولی با این وجود خرابی خانه‌ی بزرگ و مقدس تو را فراموش نکردیم. پس تو هم هرگز ما را فراموش نکن و تا ابد ما را ترک منما، زیرا تو خدا و پادشاه بزرگ و مقدس هستی.

אֱלֹהֵינוּ וֵאלֹהֵי אֲבוֹתֵינוּ. יַעֲלֶה וְיָבֹא וְיַגִּיעַ וְיֵרָאֶה וְיֵרָצֶה וְיִשָּׁמַע וְיִפָּקֵד וְיִזָּכֵר זִכְרוֹנֵנוּ. וְזִכְרוֹן אֲבוֹתֵינוּ. זִכְרוֹן יְרוּשָׁלַיִם עִירָךְ. וְזִכְרוֹן מָשִׁיחַ בֶּן-דָּוִד עַבְדָּךְ. וְזִכְרוֹן כָּל-עַמְּךָ בֵּית יִשְׂרָאֵל לְפָנֶיךָ. לִפְלֵטָה לְטוֹבָה. לְחֵן לְחֶסֶד וּלְרַחֲמִים. לְחַיִּים טוֹבִים וּלְשָׁלוֹם. בְּיוֹם חַג הַמַּצּוֹת הַזֶּה. בְּיוֹם טוֹב מִקְרָא קֹדֶשׁ הַזֶּה. לְרַחֵם בּוֹ עָלֵינוּ וּלְהוֹשִׁיעֵנוּ. זָכְרֵנוּ יְהֹוָה אֱלֹהֵינוּ בּוֹ לְטוֹבָה. וּפָקְדֵנוּ בוֹ לִבְרָכָה. וְהוֹשִׁיעֵנוּ בוֹ לְחַיִּים טוֹבִים. בִּדְבַר יְשׁוּעָה וְרַחֲמִים. חוּס וְחָנֵּנוּ וַחֲמוֹל וְרַחֵם עָלֵינוּ וְהוֹשִׁיעֵנוּ. כִּי אֵלֶיךָ עֵינֵינוּ. כִּי אֵל מֶלֶךְ חַנּוּן וְרַחוּם אָתָּה:

וְתִבְנֶה יְרוּשָׁלַיִם עִירָךְ בִּמְהֵרָה בְיָמֵינוּ. בָּרוּךְ אַתָּה יְהֹוָה. בּוֹנֵה יְרוּשָׁלָיִם ואומר בלחש אָמֵן:

בָּרוּךְ אַתָּה יְהֹוָה. אֱלֹהֵינוּ מֶלֶךְ הָעוֹלָם. הָאֵל אָבִינוּ. מַלְכֵּנוּ. אַדִּירֵנוּ. בּוֹרְאֵנוּ. גּוֹאֲלֵנוּ. קְדוֹשֵׁנוּ. קְדוֹשׁ

Our God, and God of Our forefathers, may it rise, and come, arrive, appear, find favor, and be heard, and be considered, and be remembered and our remembrance, and the remembrance of our Patriarchs, and the remembrance of Jerusalem, Your city, and the remembrance of the Messiah, the son of David, Your servant, and the remembrance of your entire People, the house of Israel before You – for deliverance, for good, for grace, for kindness, and mercy, for a good life, and for peace on this day of the Holiday of Matzot - On this day of Holy Convocation, to have mercy on it (this day) upon us and to save us. Remember Lord, our God, on it for good, and consider us on it with blessing, and deliver us on it for good life, With a pronouncement of deliverance and mercy. Take pity and be gracious to us, and have mercy and be compassionate with us and save us for upon You are our eyes turned, For You are God, King, gracious and compassionate....

ای خالق ما و خالق اجداد ما، تمنی داریم که صعود کند، بیاید، برسد، ظاهر شود، مورد رضایت قراد گیرد، شنیده شود، به خاطر آورده شود و یادآوری گردد یادبود ما و یادبود اجدادم، یادبود یروشالییم شهر مقدست، یادبود ماشیح بن داوید بنده‌ات، و یادبود تمام افراد قوم تو خاندان ایسرائل، به درگاه مبارکت، برای رستگاری و خوبی و عزت و احسان و رحمت و زندگی خوب و سلامتی در این روز عید فطیر و در این روز خوشی که مقدس خوانده شده است. تا در این عید بر ما رحم نمایی و ما را نجات بخشی. ای خدای خالق ما، در این روز ما را به نیکی به یاد آور، و با برکت، تفقد نما و نجات بده، زیرا چشمان ما به سوی تو است چون که تو خدا و پادشاه شفیق و رحیم هستی.

And build Jerusalem, Your city, speedily in our days. Blessed are You, Lord, Who builds Jerusalem. (Say Quietly) Amen.

و آرزومندیم که یروشالییم، شهر مقدست را به زودی در عصر ما آباد فرمایی. متبارک هستی تو ای خدایی که یروشالییم را آباد می کنی. آمین

Blessed are You, Lord, our God, King of the universe, God, our Father, our King, our Glorious One, our Creator, our

متبارک هستی تو ای خدای خالق ما، پادشاه عالم تا ابد. ای پروردگار، ای پدر ما، پادشاه ما، سرور ما،

יַעֲקֹב. רוֹעֵנוּ רוֹעֵה יִשְׂרָאֵל. הַמֶּלֶךְ הַטּוֹב. וְהַמֵּטִיב לַכֹּל. שֶׁבְּכָל-יוֹם וָיוֹם הוּא הֵטִיב לָנוּ. הוּא מֵטִיב לָנוּ. הוּא יֵיטִיב לָנוּ. הוּא גְמָלָנוּ. הוּא גוֹמְלֵנוּ. הוּא יִגְמְלֵנוּ לָעַד חֵן וָחֶסֶד וְרַחֲמִים וְרֵיוַח וְהַצָּלָה וְכָל-טוֹב: יענו אמן

הָרַחֲמָן הוּא יִשְׁתַּבַּח עַל כִּסֵּא כְבוֹדוֹ: הָרַחֲמָן הוּא יִשְׁתַּבַּח בַּשָּׁמַיִם וּבָאָרֶץ: הָרַחֲמָן הוּא יִשְׁתַּבַּח בָּנוּ לְדוֹר דוֹרִים: הָרַחֲמָן הוּא קֶרֶן לְעַמּוֹ יָרִים: הָרַחֲמָן הוּא יִתְפָּאַר בָּנוּ לָנֶצַח נְצָחִים: הָרַחֲמָן הוּא יְפַרְנְסֵנוּ בְּכָבוֹד וְלֹא בְבִזּוּי בְּהֶתֵּר וְלֹא בְאִסּוּר בְּנַחַת וְלֹא בְצַעַר: הָרַחֲמָן הוּא יִתֵּן שָׁלוֹם בֵּינֵינוּ: הָרַחֲמָן הוּא יִשְׁלַח בְּרָכָה רְוָחָה וְהַצְלָחָה בְּכָל-מַעֲשֵׂה יָדֵינוּ: הָרַחֲמָן הוּא יַצְלִיחַ אֶת-דְּרָכֵינוּ: הָרַחֲמָן הוּא יִשְׁבּוֹר עֹל גָּלוּת מְהֵרָה מֵעַל צַוָּארֵנוּ: הָרַחֲמָן הוּא יוֹלִיכֵנוּ מְהֵרָה קוֹמְמִיּוּת לְאַרְצֵנוּ: הָרַחֲמָן הוּא יִרְפָּאֵנוּ רְפוּאָה שְׁלֵמָה. רְפוּאַת הַנֶּפֶשׁ וּרְפוּאַת הַגּוּף: הָרַחֲמָן

Redeemer, our Holiness. The Holiness of Jacob, our Shepherd, Shepherd of Yisrael. The Good King that does good to all. Every single day He does Good, He causes good, and will do good to us. He bestowed, bestows and will bestow forever grace, and kindness and mercy and bounty and salvation and all good.

The Merciful One, He will Be Praised upon His Throne of Glory The Merciful One, He will in Heaven and upon the Earth. The Merciful One, He will Be Praised by us each and every generation. The Merciful One, He will raise the horn of His people The Merciful One, He will Be Glorified by us Eternally Forever The Merciful One, He will give us sustenance with honor and not denigration; with permission and not prohibitions; with tranquility and not with suffering The Merciful One, He will provide peace among us The Merciful One, He will send blessing and abundance and success in all our handiwork. The Merciful One, He will provide success in our paths. The Merciful One, He will break the yoke of the exile, speedily, from our necks The Merciful One, He will guide us speedily to independence in our land The Merciful One, He will heal us – a complete healing – healing of the soul and healing of the body The Merciful One,

آفریدگار ما، نجات دهنده‌ی ما، قدوس ما، قدوس یعقوب، شبان ما، شبان ایسرائل، پادشاه خوب و نیکی کننده به همگان، که در هر روز به ما خوبی کرده است و به ما نیکی می‌کند و نیکی خواهد کرد. او به ما پاداش خوب داده و هنوز هم می‌دهد و تا ابد نیز با عزت و احسان و رحمت و رفاه و خلاصی و هرگونه خوبی، ما را مورد لطف و عنایت بی‌کران خود قرار خواهد داد.

خدای رحمان، بر کرسی جلال خداییش مورد تحسین است. خدای رحمان، هم در آسمان و هم در زمین مورد تمجید است. خدای رحمان، در هر عصر از اعصار به وسیله‌ی ما تسبیح گفته می‌شود. خدای رحمان، پرچم سلطنت ماشیح را برای قوم خود بلند گرداند. خدای رحمان، به خاطر اعمال ما تا ابدالآباد به وجود ما افتخار نماید. خدای رحمان، با عزت و نه به خواری، به حلالی و نه به حرامی، با راحتی و نه با رنج و محنت، معاش ما را برساند. خدای رحمان، سلامتی و صلح و صفا را در بین ما برقرار سازد. خدای رحمان، برکت و گشایش و موفقیت را شامل همه‌ی اعمال دستان ما گرداند. خدای رحمان، ما را در راه‌ها و امور زندگی‌مان کامیاب گرداند. خدای رحمان، یوغ بردگی و آوارگی را به زودی از روی گردن ما بردارد. خدای رحمان، ما را به زودی با سرافرازی به سرزمین خودمان بازگرداند. خدای رحمان، شفای

הוּא יִפְתַּח לָנוּ אֶת-יָדוֹ הָרְחָבָה: הָרַחֲמָן הוּא יְבָרֵךְ כָּל-אֶחָד וְאֶחָד מִמֶּנּוּ בִּשְׁמוֹ הַגָּדוֹל כְּמוֹ שֶׁנִּתְבָּרְכוּ אֲבוֹתֵינוּ אַבְרָהָם יִצְחָק וְיַעֲקֹב. בַּכֹּל מִכֹּל כֹּל. כֵּן יְבָרֵךְ אוֹתָנוּ יַחַד בְּרָכָה שְׁלֵמָה. וְכֵן יְהִי רָצוֹן וְנֹאמַר אָמֵן: הָרַחֲמָן הוּא יִפְרוֹשׂ עָלֵינוּ סֻכַּת שְׁלוֹמוֹ:

בשבת

הָרַחֲמָן הוּא יַנְחִילֵנוּ עוֹלָם שֶׁכֻּלּוֹ שַׁבָּת וּמְנוּחָה לְחַיֵּי הָעוֹלָמִים:

הָרַחֲמָן הוּא יַנְחִילֵנוּ יוֹם שֶׁכֻּלּוֹ טוֹב:

הָרַחֲמָן הוּא יִטַּע תּוֹרָתוֹ וְאַהֲבָתוֹ בְּלִבֵּנוּ וְתִהְיֶה יִרְאָתוֹ עַל פָּנֵינוּ לְבִלְתִּי נֶחֱטָא. וְיִהְיוּ כָל-מַעֲשֵׂינוּ לְשֵׁם שָׁמָיִם:

ברכת האורח

הָרַחֲמָן הוּא יְבָרֵךְ אֶת הַשֻּׁלְחָן הַזֶּה שֶׁאָכַלְנוּ עָלָיו וִיסַדֵּר בּוֹ כָּל-מַעֲדַנֵּי עוֹלָם. וְיִהְיֶה כְּשֻׁלְחָנוֹ שֶׁל אַבְרָהָם

He will open for us His Hand of plenty. The Merciful One, He will bless each and every one of us with his Great Name – as were blessed our forefathers - Avraham, Yitzhak and Yaakov – with all, from all of all. Thus may You bless us together – with a complete blessing. And thus, may it be Your Will. And let us say Amen. The Merciful One, He will spread upon us the Shelter of His peace.

کامل روانی و جسمانی به ما عطا فرماید. خدای رحمان، دست پر از نعمتش را برای ما بگشاید. خدای رحمان، هر یک از ما را به خاطر اسم بزرگوارش همچون اوراهام و ایسحاق و یعقوب که با همه چیز از هر حیث و به طور کامل برکت یافتند مشمول برکات کامل خود فرماید. رضایت او این‌طور باشد و بگوییم آمین. خدای رحمان، سایبان صلح و سلامتیش را بر سرما بگستراند.

On Shabbat

The Merciful One, He will bequeath to us a world that is complete rest and serenity for eternity

در شبات:

خدای رحمان، عالمی را که همه‌اش از نعمت آسایش و راحتی سرشار و توام با زندگی ابدی است، نصیب ما گرداند.

The Merciful One, He will bequeath upon us a day that is completely good. ...

خدای رحمان، دیدن روزهایی را که سراسر آن خوشی است نصیب ما کند.

The Merciful One, He will plant His Torah and His love into our hearts. And his awe should be on our faces – without any sin. And all our deeds should be for the sake of heaven.

خدای رحمان، دانش توراه و مهر و محبت خود را چون درختی استوار در دل ما غرس نماید و ترس او بر ما چیره باشد تا آنکه خطا نکنیم و تمام اعمال ما به نیت عبادت الهی باشند.

The guest adds the following text:

The merciful one bless this table at which we ate and set upon it all the delicacies of world, and may it be like the table of Avraham our father, from which everyone who is hungry may eat, and everyone who is thirsty

مهمان این متن را که در آن مهماندار و خانواده‌اش را برکت می کند بخواند:

خدای رحمان این سفره‌ای را که از آن خورده‌ایم برکت دهد و تمامی خوراکی‌های لذیذ عالم همواره در این سفره چیده شده باشد و مانند سفره‌ی اوراهام آوینو بوده که هر گرسنه‌ای بتواند از آن بخورد و هر تشنه‌ای از آن بنوشد و

אָבִינוּ. כָּל-רָעֵב מִמֶּנּוּ יֹאכַל. וְכָל-צָמֵא מִמֶּנּוּ יִשְׁתֶּה. וְאַל יֶחְסַר מִמֶּנּוּ כָּל-טוּב לָעַד וּלְעוֹלְמֵי עוֹלָמִים. אָמֵן: הָרַחֲמָן הוּא יְבָרֵךְ בַּעַל הַבַּיִת הַזֶּה וּבַעַל הַסְּעוּדָה הַזֹּאת. הוּא וּבָנָיו וְאִשְׁתּוֹ וְכָל-אֲשֶׁר לוֹ. בְּבָנִים שֶׁיִּחְיוּ. וּבִנְכָסִים שֶׁיִּרְבּוּ. בָּרֵךְ יְהֹוָה חֵילוֹ וּפֹעַל יָדָיו תִּרְצֶה. וְיִהְיוּ נְכָסָיו וּנְכָסֵינוּ מֻצְלָחִים וּקְרוֹבִים לָעִיר. וְאַל יִזְדַּקֵּק לְפָנָיו וְלֹא לְפָנֵינוּ שׁוּם דְּבַר חֵטְא וְהִרְהוּר עָוֹן. שָׂשׂ וְשָׂמֵחַ כָּל-הַיָּמִים בְּעֹשֶׁר וְכָבוֹד. מֵעַתָּה וְעַד עוֹלָם. לֹא יֵבוֹשׁ בָּעוֹלָם הַזֶּה. וְלֹא יִכָּלֵם לָעוֹלָם הַבָּא. אָמֵן כֵּן יְהִי רָצוֹן:

הָרַחֲמָן הוּא יְחַיֵּנוּ וִיזַכֵּנוּ וִיקָרְבֵנוּ לִימוֹת הַמָּשִׁיחַ וּלְבִנְיַן בֵּית הַמִּקְדָּשׁ וּלְחַיֵּי הָעוֹלָם הַבָּא. מִגְדּוֹל יְשׁוּעוֹת מַלְכּוֹ וְעֹשֶׂה־חֶסֶד לִמְשִׁיחוֹ לְדָוִד וּלְזַרְעוֹ עַד־עוֹלָם: כְּפִירִים רָשׁוּ וְרָעֵבוּ וְדֹרְשֵׁי יְהֹוָה לֹא־יַחְסְרוּ כָל־טוֹב: נַעַר | הָיִיתִי גַּם־זָקַנְתִּי וְלֹא־רָאִיתִי צַדִּיק נֶעֱזָב וְזַרְעוֹ מְבַקֶּשׁ־לָחֶם: כָּל־הַיּוֹם חוֹנֵן וּמַלְוֶה וְזַרְעוֹ לִבְרָכָה: מַה-שֶּׁאָכַלְנוּ יִהְיֶה לְשָׂבְעָה. וּמַה-שֶּׁשָּׁתִינוּ יִהְיֶה לִרְפוּאָה.

KADDESH

URCHATZ

KARPAS

YACHATZ

MAGID

ROCHTZA

MOTZI

MATZA

MAROR

KORECH

SHOLCHAN ORECH

TZAFON

BARECH

HALEL

NIRTZA

may drink. And may it not lack anything good forever and ever, Amen. The merciful one bless the master of this house and of this meal- he, and his children, and his wife and all that belong to him- with children who will live, and with wealth that will increase. May the Lord bless his wealth and favor the work of his hand. And there not be before him or before us any sin or sinful thought. Happy and joyful all this days, with wealth and honor from now and forever, may he never be shamed in this world, nor embarrassed in the world to come. Amen, may this be his will.

The Merciful One, He will give us life and merit and approach us to the days of the Messiah and the building of the Holy Temple and life of the World to Come. He is a tower of Salvation of His Kingship. And does kindness to his anointed one – to [King] David and his descendants forever. Young lions became needy and starved But, those that seek, the Lord, did not lack any good. (Psalms 34:11) I was a youth and I also became older, and I did not see a Righteous person abandoned and his children seeking bread. (Psalms 37:25) All day He is graceful and lends and his children are held blessed. (Psalms 37:26) That that we ate, may it be to satiate. And that which we drank, may it be for healing. And that that we left

هرگز کمبودی نداشته باشد. آمین. خدای رحمان صاحب این خانه و سفره را برکت دهد؛ او را و فرزندانش را و همسرش را و هر آنچه که از اوست؛ و فرزندانی که زنده بمانند و با مایملکی که زیاد شود. خداوند به اموال او برکت دهد و عمل دستش مطلوب باشد و باشد که اموال او برای همه‌ی ما پایدار و در دسترس باشد و هرگز در مقابل او و ما امکان گناهکاری و یا افکار خطاکارانه وجود نداشته باشد. بر تمام ایام زندگانیش با ثروت و افتخار از حالا تا ابد، خوشحال و مسرور باشد و هرگز در این دنیا خجل و در جهان باقی شرمنده نگردد. باشد که رضای خداوند بر این باشد. آمین.

خدای رحمان، ما را زنده و کامیاب بدارد و از دیدن عصر ماشیح و آبادی منزلگاه مقدسش و نصیب داشتن از زندگی جاودانی عالم باقی، شاد و مسرورمان سازد. خداوند برای پادشاهش (ماشیح) قلعه‌ی نجات است و به خاندان سلطان مسح شده‌ی خود، داوید و به اولاد او تا به ابد احسان می‌کند. شیران جوان بینوا و گرسنه شدند، ولی جویندگان خدا از هیچ نعمتی کسری نخواهند داشت. (مزامیر ۳۴:۱۱) «جوان بودم و پیر هم شدم، ولی ندیدم که شخص عادل و صدیق متروک شود و اولادش محتاج نان گردند». (مزامیر ۳۷:۲۵) «شخص نیکوکار تمام روز شفقت می‌کند و به این و آن قرض می‌دهد و نسلش مبروک خواهند شد». (مزامیر ۳۷:۲۶) «آنچه خوردیم ما را سیر نگه دارد و آنچه نوشیدیم برای ما، درمان و شفا باشد و آنچه که از خوراک خود زیاد آوردم باعث برکت در خانه‌ی ما

וּמַה-שֶּׁהוֹתַרְנוּ יִהְיֶה לִבְרָכָה. כִּדְכְתִיב. וַיִּתֵּן לִפְנֵיהֶם וַיֹּאכְלוּ וַיּוֹתִרוּ כִּדְבַר יְהֹוָה: בְּרוּכִים אַתֶּם לַיהֹוָה עֹשֵׂה שָׁמַיִם וָאָרֶץ: בָּרוּךְ הַגֶּבֶר אֲשֶׁר יִבְטַח בַּיהֹוָה וְהָיָה יְהֹוָה מִבְטַחוֹ: יְהֹוָה עֹז לְעַמּוֹ יִתֵּן יְהֹוָה | יְבָרֵךְ אֶת־עַמּוֹ בַשָּׁלוֹם: עוֹשֶׂה שָׁלוֹם בִּמְרוֹמָיו הוּא בְּרַחֲמָיו יַעֲשֶׂה שָׁלוֹם עָלֵינוּ. וְעַל כָּל-עַמּוֹ יִשְׂרָאֵל וְאִמְרוּ אָמֵן:

ברך, כוס שלישית

כּוֹס־יְשׁוּעוֹת אֶשָּׂא וּבְשֵׁם יְהֹוָה אֶקְרָא:

סַבְרִי מָרָנָן ועונים לְחַיִּים

ויכוין לפטור בברכה זו גם כוס רביעי

בָּרוּךְ אַתָּה יְהֹוָה. אֱלֹהֵינוּ מֶלֶךְ הָעוֹלָם. בּוֹרֵא פְּרִי הַגֶּפֶן:

וישתהו בהסבה

over, may it be for blessing. As it is written: As it is written: "and he gave it [the food] before them and when they had eaten, they had some left over as [according to] the word of the Lord. (II Kings 4:44) Blessed are you to the Lord – Who makes the Heaven and Earth. Blessed is the man that will place trust in the Lord. And the Lord is his trust. (Jeremiah 17:7) The gives strength to His People. The Lord will bless his people with peace. (Psalms 29:11) May He Who creates peace in His high places, may He with His mercy, make peace upon us and all His people Israel, and say ye, Amen.

گردد». همان‌طور که مرقوم است (دوم پادشاهان۴:۴۴): «آن نان را جلوی آنها گذاشت و طبق کلام الهی از آن خوردند و زیاد آوردند». شما به درگاه خدای ایجاد کننده‌ی آسمان و زمین متبارک باشید. آفرین باد مردی که به خدا توکل کند و خدا هم مایه‌ی توکل و دلگرمی او باشد. (یرمیا۱۷:۷) «خداوند به قوم خود قدرت دهد، پروردگار ملت خود را با صلح و سلامتی برکت کند». (مزامیر۲۹:۱۱) «آن خدایی که صلح را در افلاکش برقرار می‌کند، با رحمت بی‌کرانش صلح و سلامتی را بر ما و بر تمام افراد قومش ایسرائل حکم‌فرما سازد». بگویید آمین.

BARECH, THIRD CUP OF WINE

بارخ، پیاله‌ی سوم

I shall lift up a cup of salvation, and I shall call out in the name of the Lord (Psalms 116:13).

with your permission my masters

(the others answer:) to life

Here, the one says the Beracha, should have in mind that saying of Beracha for the fourth cup is also exempted by saying of this Beracha.

B lessed are You, Lord our God, King of the universe, who creates the fruit of the vine.

We drink while reclining.

پیاله‌ی نجات را بلند کرده و به نام خداوند خواهم خواند.

با اجازه‌ی سروران محترم.

(حضار جواب می دهند:) برای سلامتی.

در اینجا گوینده‌ی براخا، نیّت ببندد که با گفتن این براخا، از گفتن براخا برای پیاله‌ی چهارم نیز معاف شود.

متبارک هستی تو ای خدای خالق ما، پادشاه عالم، آفریننده‌ی میوه‌ی مو.

با تکیه بر روی آرنج چپ، یائین را می‌نوشیم.

הלל

ימזגו כוס רביעי ויקרא עליו את ההלל.

הלל, שפוך חמתך

שְׁפֹךְ חֲמָתְךָ אֶל־הַגּוֹיִם אֲשֶׁר לֹא־יְדָעוּךָ וְעַל מַמְלָכוֹת אֲשֶׁר בְּשִׁמְךָ לֹא קָרָאוּ: כִּי אָכַל אֶת־יַעֲקֹב וְאֶת־נָוֵהוּ הֵשַׁמּוּ: שְׁפָךְ־עֲלֵיהֶם זַעְמֶךָ וַחֲרוֹן אַפְּךָ יַשִּׂיגֵם: תִּרְדֹּף בְּאַף וְתַשְׁמִידֵם מִתַּחַת שְׁמֵי יְהֹוָה:

הלל, מסיימים את ההלל

לֹא לָנוּ יְהֹוָה לֹא לָנוּ כִּי־לְשִׁמְךָ תֵּן כָּבוֹד עַל־חַסְדְּךָ עַל־אֲמִתֶּךָ: לָמָּה יֹאמְרוּ הַגּוֹיִם אַיֵּה־נָא אֱלֹהֵיהֶם: וֵאלֹהֵינוּ בַשָּׁמָיִם כֹּל אֲשֶׁר־חָפֵץ עָשָׂה: עֲצַבֵּיהֶם

HALLEL

هلل

"Hallel" means "the praise of God".

We pour the fourth cup, put it on the table, and say Hallel over this cup. After saying the Hallel, we drink it while reclining. Afterwards, we say the Bracha Achronah.

«هلل» به معنی «مدح و ثنای خداوند» است.

پیاله‌ی چهارم را پر نموده، روی میز گذاشته و هَلِل روی این پیاله خوانده می‌شود. بعد از گفتن هَلِل، پیاله‌ی چهارم با تکیه روی آرنج چپ، نوشیده می‌شود و سپس براخای آخر گفته می‌شود.

HALLEL, POUR OUT THY WRATH

هلل، قهرت را بریز

Pour your wrath upon the nations that did not know You and upon the kingdoms that did not call upon Your Name! Since they have consumed Ya'akov and laid waste his habitation (Psalms 79:6-7). Pour out Your fury upon them and the fierceness of Your anger shall reach them (Psalms 69:25)! You shall pursue them with anger and eradicate them from under the skies of the Lord (Lamentations 3:66).

قهرت را بریز بر سر مللی که تو را نمی‌شناسند و بر ممالکی که نام شریف تو را ذکر نمی‌کنند، چون‌که آنان خاندان یعقوب را فنا کردند و مسکن زیبای او را ویران نمودند (مزامیر۷-۷۹:۶). قهرت را بر آنها بریز و شدت خشم تو به آنها برسد (مزامیر۶۹:۲۵). آنها را با خشم، عقوبت ده و از زیر آسمان الهی نابودشان ساز (اخاه۳:۳۶).

HALLEL, SECOND HALF OF HALLEL

هلل، نیمه ی دوم هلل

Not for us, O Lord, not for us, but for Your name give honor, for Your kindness and for Your truthfulness. Why should the nations say, "Say, where is their God?" But our God is in the heavens, all that He wanted, He has done. Their idols are silver and gold, the

نه به خاطر ما، ای خداوند، نه به خاطر خودمان، بلکه به خاطر نامت، بر احسان و صداقت خودت عزت بده. چرا ملت‌های دیگر بگویند که اکنون خدای آنها (خدای ایسرائل) کجاست؟! در صورتی که خدای ما در آسمان نزول اجلال فرموده است و هر آنچه را که بخواهد انجام داده و می‌دهد. بُت‌های آن

כֶּסֶף וְזָהָב מַעֲשֵׂה יְדֵי אָדָם: פֶּה־לָהֶם

וְלֹא יְדַבֵּרוּ עֵינַיִם לָהֶם וְלֹא יִרְאוּ: אָזְנַיִם

לָהֶם וְלֹא יִשְׁמָעוּ אַף לָהֶם וְלֹא יְרִיחוּן:

יְדֵיהֶם | וְלֹא יְמִישׁוּן רַגְלֵיהֶם וְלֹא יְהַלֵּכוּ

לֹא־יֶהְגּוּ בִּגְרוֹנָם: כְּמוֹהֶם יִהְיוּ עֹשֵׂיהֶם

כֹּל אֲשֶׁר־בֹּטֵחַ בָּהֶם: יִשְׂרָאֵל בְּטַח בַּיהֹוָה

עֶזְרָם וּמָגִנָּם הוּא: בֵּית אַהֲרֹן בִּטְחוּ

בַיהֹוָה עֶזְרָם וּמָגִנָּם הוּא: יִרְאֵי יְהֹוָה

בִּטְחוּ בַיהֹוָה עֶזְרָם וּמָגִנָּם הוּא: יְהֹוָה

זְכָרָנוּ יְבָרֵךְ יְבָרֵךְ אֶת־בֵּית יִשְׂרָאֵל יְבָרֵךְ

אֶת־בֵּית אַהֲרֹן: יְבָרֵךְ יִרְאֵי יְהֹוָה הַקְּטַנִּים

עִם־הַגְּדֹלִים: יֹסֵף יְהֹוָה עֲלֵיכֶם עֲלֵיכֶם

וְעַל־בְּנֵיכֶם: בְּרוּכִים אַתֶּם לַיהֹוָה עֹשֵׂה

שָׁמַיִם וָאָרֶץ: הַשָּׁמַיִם שָׁמַיִם לַיהֹוָה

וְהָאָרֶץ נָתַן לִבְנֵי־אָדָם: לֹא הַמֵּתִים

יְהַלְלוּ־יָהּ וְלֹא כָּל־יֹרְדֵי דוּמָה: וַאֲנַחְנוּ |

נְבָרֵךְ יָהּ מֵעַתָּה וְעַד־עוֹלָם הַלְלוּיָהּ:

אָהַבְתִּי כִּי־יִשְׁמַע | יְהֹוָה אֶת־קוֹלִי

תַּחֲנוּנָי: כִּי־הִטָּה אָזְנוֹ לִי

וּבְיָמַי אֶקְרָא: אֲפָפוּנִי | חֶבְלֵי־מָוֶת וּמְצָרֵי

שְׁאוֹל מְצָאוּנִי צָרָה וְיָגוֹן אֶמְצָא: וּבְשֵׁם־

105

work of men's hands. They have a mouth but do not speak; they have eyes but do not see. They have ears but do not hear; they have a nose but do not smell. Hands, but they do not feel; feet, but do not walk; they do not make a peep from their throat. Like them will be their makers, all those that trust in them. Israel, trust in the Lord; their help and shield is He. House of Aharon, trust in the Lord; their help and shield is He. Those that fear the Lord, trust in the Lord; their help and shield is He. The Lord who remembers us, will bless; He will bless the House of Israel; He will bless the House of Aharon. He will bless those that fear the Lord, the small ones with the great ones. May the Lord bring increase to you, to you and to your children. Blessed are you to the Lord, the maker of the heavens and the earth. The heavens, are the Lord's heavens, but the earth He has given to the children of man. It is not the dead that will praise the Lord, and not those that go down to silence. But we will bless the Lord from now and forever. Halleluyah! (Psalms 115)

I have loved the Lord - since He hears my voice, my supplications. Since He inclined His ear to me - and in my days, I will call out. The pangs of death have encircled me and the straits of the Pit have

بت‌پرستان از نقره و طلا است و ساخته و پرداخته‌ی دستان انسان. این اصنام، دهان دارند ولی سخن نمی‌گویند، چشم دارند، ولی نمی‌بینند، گوش دارند ولی نمی‌شنوند، بینی دارند اما نمی‌بویند، دست‌هایشان چیزی را لمس نمی‌کنند، پاهایشان راه نمی‌روند، و صدایی از گلوی آنها خارج نمی‌شود. سازندگان این بت‌ها و هر کسی هم که امید خود را به آن‌ها می‌بندد مثل همان بت‌ها بشوند. ای ایسرائل به خدا توکل کن، که او مدد و سپر ایشان است. ای خاندان اهرون به خدا توکل کنید، که او مدد و سپر ایشان است. ای خداترسان به خدا توکل کنید، که او مدد و سپر ایشان است. خدایی که ما را به یاد آورده است، ما را برکت دهد، خاندان ایسرائل را برکت دهد و خاندان اهرون را نیز برکت دهد. خداترسان را نیز از کوچک تا بزرگ، متبرک کند. خدا بر شما و بر فرزندان شما بیفزاید. شما به درگاه خدای ایجاد کننده‌ی آسمان و زمین متبارک هستید. آسمان، آسمان خداست و زمین را به فرزندان آدم عطا فرموده است. مردگان مدح خدا را نمی‌گویند و کسانی که به خاموشی قبر فرو رفته‌اند نیز این کار را نمی‌کنند. بلکه ما خدا را از حالا تا ابد متبارک می‌خوانیم. هللویا. مدح بگویید خدای لایزال را (مزامیر ۱۱۵).

دوست دارم که خداوند صدا و التماس‌های مرا بشنود. چون که سمع مبارکش را به من عطا داشته است و در ایام زندگی‌ام، او را صدا خواهم زد. دردهای مرگ، مرا احاطه کرده و عذاب‌های گور، مرا یافته‌اند، رنج و غصه

יְהֹוָה אֶקְרָא אָנָּה יְהֹוָה מַלְּטָה נַפְשִׁי: חַנּוּן יְהֹוָה וְצַדִּיק וֵאלֹהֵינוּ מְרַחֵם: שֹׁמֵר פְּתָאיִם יְהֹוָה דַּלּוֹתִי וְלִי יְהוֹשִׁיעַ: שׁוּבִי נַפְשִׁי לִמְנוּחָיְכִי כִּי־יְהֹוָה גָּמַל עָלָיְכִי: כִּי חִלַּצְתָּ נַפְשִׁי מִמָּוֶת אֶת־עֵינִי מִן־דִּמְעָה אֶת־רַגְלִי מִדֶּחִי: אֶתְהַלֵּךְ לִפְנֵי יְהֹוָה בְּאַרְצוֹת הַחַיִּים: הֶאֱמַנְתִּי כִּי אֲדַבֵּר אֲנִי עָנִיתִי מְאֹד: אֲנִי אָמַרְתִּי בְחָפְזִי כָּל־ הָאָדָם כֹּזֵב:

מָה־אָשִׁיב לַיהֹוָה כָּל־תַּגְמוּלוֹהִי עָלָי: כּוֹס־יְשׁוּעוֹת

אֶשָּׂא וּבְשֵׁם יְהֹוָה אֶקְרָא: נְדָרַי לַיהֹוָה אֲשַׁלֵּם נֶגְדָה־נָּא לְכָל־עַמּוֹ: יָקָר בְּעֵינֵי יְהֹוָה הַמָּוְתָה לַחֲסִידָיו: אָנָּה יְהֹוָה כִּי־אֲנִי עַבְדֶּךָ אֲנִי־עַבְדְּךָ בֶּן־אֲמָתֶךָ פִּתַּחְתָּ לְמוֹסֵרָי: לְךָ־אֶזְבַּח זֶבַח תּוֹדָה וּבְשֵׁם יְהֹוָה אֶקְרָא: נְדָרַי לַיהֹוָה אֲשַׁלֵּם נֶגְדָה־ נָּא לְכָל־עַמּוֹ: בְּחַצְרוֹת | בֵּית יְהֹוָה בְּתוֹכֵכִי יְרוּשָׁלָיִם הַלְלוּיָהּ:

107

found me and I found grief. And in the name of the Lord I called, "Please Lord, Spare my soul." Gracious is the Lord and righteous, and our God acts mercifully. The Lord watches over the silly; I was poor and He has saved me. Return, my soul to your tranquility, since the Lord has favored you. Since You have rescued my soul from death, my eyes from tears, my feet from stumbling. I will walk before the Lord in the lands of the living. I have trusted, when I speak - I am very afflicted. I said in my haste, all men are hypocritical. (Psalms 116:1-11)

What can I give back to the Lord for all that He has favored me? A cup of salvation I will raise up and I will call out in the name of the Lord. My vows to the Lord I will pay, now in front of His entire people. Precious in the eyes of the Lord is the death of His pious ones. Please Lord, since I am Your servant, the son of Your maidservant; You have opened my chains. To You will I offer a thanksgiving offering and I will call out in the name of the Lord. My vows to the Lord I will pay, now in front of His entire people. In the courtyards of the house of the Lord, in your midst, Jerusalem. Halleluyah! (Psalms 116:12-19)

را می‌یابم. ولی نام خدا را صدا می‌زنم و می‌گویم: خدایا! تمنا اینکه جان مرا رهایی بخشی. خداوند، شفیق و عادل است، و خالق ما، رحیم است. خداوند، نگهدار ساده‌دلان است. من ذلیل شده‌ام، ولی او مرا نجات خواهد داد. ای جان، به آسایش خود برگرد، زیرا خداوند بر تو احسان نموده است. چون که (ای خدا) جان مرا از مرگ خلاص کرده‌ای، چشم مرا از اشک‌ریزی و پایم از افتادن. به حضور خداوند در سرزمین‌های زندگان گردش خواهم نمود. ایمان آوردم موقعی که سخن می‌گفتم که من به غایت، مستمند شده‌ام. در حالت پریشانی و اضطراب خود گفتم که تمام مردم، فریبکار و دروغگویند (مزامیر ۱۱-۱:۱۱۶).

در مقابل همه‌ی احسان‌هایی که خداوند به من نموده است چه چیزی را به او ادا نمایم؟ پیاله‌ی نجات را بلند کرده و به نام خدا خواهم خواند. نذرهایی را که به درگاه خدا کرده‌ام، در حضور تمام افراد قوم او ادا خواهم نمود. در نظر خدا، گران است که مرگ را بی‌وقت نصیب فاضلان خود کند. التماس دارم، ای خدا، زیرا من بنده‌ی تو هستم. من بنده‌ی تو و پسر کنیزت می‌باشم و تو نیز بندهای ذلت مرا گشوده‌ای. به درگاه تو ذبح شکرانه، ذبح خواهم نمود، و به نام خدا خواهم خواند. نذرهایی را که به درگاه خدا کرده‌ام در حضور تمام افراد قوم او ادا خواهم نمود. در صحن‌های خانه‌ی خدا، در میان یروشالییم، هللویا. مدح بگویید خدای لایزال را (مزامیر ۱۹-۱۲:۱۱۶).

הַלְלוּ אֶת־יְהֹוָה כָּל־גּוֹיִם שַׁבְּחוּהוּ
כָּל־הָאֻמִּים: כִּי גָבַר עָלֵינוּ |
חַסְדּוֹ וֶאֱמֶת־יְהֹוָה לְעוֹלָם הַלְלוּיָהּ:

הוֹדוּ לַיהֹוָה כִּי־טוֹב כִּי לְעוֹלָם חַסְדּוֹ:
יֹאמַר־נָא יִשְׂרָאֵל כִּי לְעוֹלָם חַסְדּוֹ:
יֹאמְרוּ־נָא בֵית־אַהֲרֹן כִּי לְעוֹלָם חַסְדּוֹ:
יֹאמְרוּ־נָא יִרְאֵי יְהֹוָה כִּי לְעוֹלָם חַסְדּוֹ:

מִן־הַמֵּצַר קָרָאתִי יָּהּ עָנָנִי בַמֶּרְחָב
יָהּ: יְהֹוָה לִי לֹא אִירָא
מַה־יַּעֲשֶׂה לִי אָדָם: יְהֹוָה לִי בְּעֹזְרָי וַאֲנִי
אֶרְאֶה בְשֹׂנְאָי: טוֹב לַחֲסוֹת בַּיהֹוָה מִבְּטֹחַ
בָּאָדָם: טוֹב לַחֲסוֹת בַּיהֹוָה מִבְּטֹחַ
בִּנְדִיבִים: כָּל־גּוֹיִם סְבָבוּנִי בְּשֵׁם יְהֹוָה כִּי
אֲמִילַם: סַבּוּנִי גַם־סְבָבוּנִי בְּשֵׁם יְהֹוָה כִּי
אֲמִילַם: סַבּוּנִי כִדְבוֹרִים דֹּעֲכוּ כְּאֵשׁ
קוֹצִים בְּשֵׁם יְהֹוָה כִּי אֲמִילַם: דַּחֹה
דְחִיתַנִי לִנְפֹּל וַיהֹוָה עֲזָרָנִי: עָזִּי וְזִמְרָת יָהּ
וַיְהִי־לִי לִישׁוּעָה: קוֹל | רִנָּה וִישׁוּעָה

Praise the name of the Lord, all nations; extol Him all peoples. Since His kindness has overwhelmed us and the truth of the Lord is forever. Halleluyah!

Thank the Lord, since He is good,
　　since His kindness is forever.

Let Israel now say,
　　since His kindness is forever.

Let the House of Aharon now say,
　　since His kindness is forever.

Let those that fear the Lord now say,
　　since His kindness is forever.

(Psalms 117-118:4)

From the strait I have called, Lord; He answered me from the wide space, the Lord. The Lord is for me, I will not fear, what will man do to me? The Lord is for me with my helpers, and I shall glare at those that hate me. It is better to take refuge with the Lord than to trust in man. It is better to take refuge with the Lord than to trust in nobles. All the nations surrounded me - in the name of the Lord, as I will chop them off. They surrounded me, they also encircled me - in the name of the Lord, as I will chop them off. They surrounded me like bees, they were extinguished like a fire of thorns - in the name of

ای تمام ملت‌ها، خدا را مدح بگویید، ای جمیع امت‌ها، برای او تسبیح بخوانید. زیرا که احسان او بر ما عظیم شده و خدا تا به ابد حقیقت محض است، هللویا. مدح بگویید خدای لایزال را.

شکر بگویید به درگاه خدا چون که خوب است،
زیرا که احسان او ابدی است.

ملت ایسرائل اکنون بگویند،
زیرا که احسان او ابدی است.

افراد خاندان اهرون اکنون بگویند،
زیرا که احسان او ابدی است.

افراد خدا ترس اکنون بگویند،
زیرا که احسان او ابدی است.

(مزامیر ۱۱۸:۴-۱۱۷)

از تنگنای مذلت، خدا را صدا زدم. خدا هم مرا استجابت فرمود و مرا در رفاه قرار داد. خدا با من است و نخواهم ترسید. آدمی به من چه خواهد کرد؟ خدا با من و با کمک‌کنندگان من است و من عاقبت بد دشمنانم را خواهم دید. پناه بردن به خداوند بهتر از توکل کردن به آدمیزاد است. پناه بردن به خدا از توکل کردن به نجیب‌زادگان، سزاوارتر است. تمام ملت‌ها مرا احاطه کرده‌اند ولی به نام خدا، آنها را منقطع خواهم کرد. مرا احاطه کرده‌اند و دور مرا گرفته‌اند ولی به نام خداوند آنها را منقطع خواهم کرد. مرا چون زنبوران، احاطه کرده‌اند ولی چون آتشی که از خار و خاشاک روشن شده باشد، یکباره خاموش خواهند شد چون به نام خدا، آنها را منقطع خواهم کرد. ای دشمن، تو به شدت بر من حمله کردی که بیفتم

בְּאָהֳלֵי צַדִּיקִים יְמִין יְהֹוָה עֹשָׂה חָיִל:
יְמִין יְהֹוָה רוֹמֵמָה יְמִין יְהֹוָה עֹשָׂה חָיִל:
לֹא אָמוּת כִּי־אֶחְיֶה וַאֲסַפֵּר מַעֲשֵׂי יָהּ:
יַסֹּר יִסְּרַנִּי יָּהּ וְלַמָּוֶת לֹא נְתָנָנִי: פִּתְחוּ־לִי
שַׁעֲרֵי־צֶדֶק אָבֹא־בָם אוֹדֶה יָהּ: זֶה־
הַשַּׁעַר לַיהֹוָה צַדִּיקִים יָבֹאוּ בוֹ:

אוֹדְךָ כִּי עֲנִיתָנִי וַתְּהִי־לִי לִישׁוּעָה:
אוֹדְךָ כִּי עֲנִיתָנִי וַתְּהִי־לִי
לִישׁוּעָה: אֶבֶן מָאֲסוּ הַבּוֹנִים הָיְתָה לְרֹאשׁ
פִּנָּה: אֶבֶן מָאֲסוּ הַבּוֹנִים הָיְתָה לְרֹאשׁ
פִּנָּה: מֵאֵת יְהֹוָה הָיְתָה זֹּאת הִיא נִפְלָאת
בְּעֵינֵינוּ: מֵאֵת יְהֹוָה הָיְתָה זֹּאת הִיא
נִפְלָאת בְּעֵינֵינוּ: זֶה־הַיּוֹם עָשָׂה יְהֹוָה
נָגִילָה וְנִשְׂמְחָה בוֹ: זֶה־הַיּוֹם עָשָׂה יְהֹוָה
נָגִילָה וְנִשְׂמְחָה בוֹ:

אָנָּא יְהֹוָה הוֹשִׁיעָה נָּא.

אָנָּא יְהֹוָה הוֹשִׁיעָה נָּא:

אָנָּא יְהֹוָה הַצְלִיחָה נָא.

אָנָּא יְהֹוָה הַצְלִיחָה נָא:

the Lord, as I will chop them off. You have surely pushed me to fall, but the Lord helped me. My boldness and song is the Lord, and He has become my salvation. The sound of happy song and salvation is in the tents of the righteous, the right hand of the Lord acts powerfully. I will not die but rather I will live and tell over the acts of the Lord. The Lord has surely chastised me, but He has not given me over to death. Open up for me the gates of righteousness; I will enter them, thank the Lord. This is the gate of the Lord, the righteous will enter it. (Psalms 118:5-20)

I will thank You, since You answered me and You have become my salvation. The stone that was left by the builders has become the main cornerstone. From the Lord was this, it is wondrous in our eyes. This is the day of the Lord, let us exult and rejoice upon it.

Please, Lord, save us now.

Please, Lord, save us now.

please, Lord, give us success now.

please, Lord, give us success now!

(Psalms 118:21-25)

ولی خدا به من کمک نمود. قوت من و باعث سرود خواندن من، خداوند است و او برای من، عامل نجات شد. آواز ترنم و نجات در خیمه‌های عادلان بلند است، نیروی خداوند قدرت نمایی می‌کند. نیروی خدا مافوق همه‌ی نیروهاست؛ نیروی الهی قدرت‌نمایی می‌کند. من نخواهم مُرد بلکه زنده خواهم ماند و اعمال خداوند را تعریف خواهم نمود. خدا مرا به شدت تنبیه نمود ولی مرا به دست مرگ نسپرد. دروازه‌های عدالت را به روی من بگشایید تا از آن‌ها داخل شوم و خدا را شکر گویم. این، دروازه‌ی خداوند است که عادلان از آن داخل خواهند شد (مزامیر ۲۰-۵:۱۱۸).

به درگاه تو که مرا استجابت نموده و برای من باعث نجات شدی، شکر می‌گویم. سنگی که بنّایان آن را خوار شمرده و کنار گذاشته و از آن استفاده نکردند، بر سر عمارت قرار گرفت؛ چون که خواست خداوند چنین بود و این در نظر ما عجیب و شگفت انگیز آمد. خدا این روز را معین کرده است تا در آن خرسندی و شادی نماییم.

التماس داریم ای خدا، ما را اکنون نجات بده.

التماس داریم ای خدا، ما را اکنون نجات بده.

التماس داریم ای خدا، ما را اکنون کامیاب گردان.

التماس داریم ای خدا، ما را اکنون کامیاب گردان.

(مزامیر ۲۵-۲۱:۱۱۸)

בָּרוּךְ הַבָּא בְּשֵׁם יְהֹוָה בֵּרַכְנוּכֶם
מִבֵּית יְהֹוָה: בָּרוּךְ הַבָּא בְּשֵׁם
יְהֹוָה בֵּרַכְנוּכֶם מִבֵּית יְהֹוָה: אֵל | יְהֹוָה
וַיָּאֶר לָנוּ אִסְרוּ־חַג בַּעֲבֹתִים עַד־קַרְנוֹת
הַמִּזְבֵּחַ: אֵל | יְהֹוָה וַיָּאֶר לָנוּ אִסְרוּ־חַג
בַּעֲבֹתִים עַד־קַרְנוֹת הַמִּזְבֵּחַ: אֵלִי אַתָּה
וְאוֹדֶךָּ אֱלֹהַי אֲרוֹמְמֶךָּ: אֵלִי אַתָּה וְאוֹדֶךָּ
אֱלֹהַי אֲרוֹמְמֶךָּ: הוֹדוּ לַיהֹוָה כִּי־טוֹב כִּי
לְעוֹלָם חַסְדּוֹ: הוֹדוּ לַיהֹוָה כִּי־טוֹב כִּי
לְעוֹלָם חַסְדּוֹ:

הלל, מזמורי הודיה

הוֹדוּ לַיהֹוָה כִּי־טוֹב	כִּי לְעוֹלָם חַסְדּוֹ:
הוֹדוּ לֵאלֹהֵי הָאֱלֹהִים	כִּי לְעוֹלָם חַסְדּוֹ:
הוֹדוּ לַאֲדֹנֵי הָאֲדֹנִים	כִּי לְעוֹלָם חַסְדּוֹ:

Blessed be he who has come in the name of the Lord, we have blessed you from the house of the Lord. Blessed be he who has come in the name of the Lord, we have blessed you from the house of the Lord. God is the Lord, and He has illuminated us; tie up the festival offering with ropes until it reaches the corners of the altar. God is the Lord, and He has illuminated us; tie up the festival offering with ropes until it reaches the corners of the altar. You are my Power and I will Thank You; my God and I will exalt You. You are my Power and I will Thank You; my God and I will exalt You. Thank the Lord, since He is good, since His kindness is forever. d, since His kindness is forever (Psalms 118:26-29).

متبارک است کسی که به جهت نام خدا (به خانه‌ی خدا) آمده است. ما (نیز) شما را از خانه‌ی خدا، دعا و برکت کرده‌ایم. متبارک است کسی که به جهت نام خدا (به خانه‌ی خدا) آمده است. ما (نیز) شما را از خانه‌ی خدا، دعا و برکت کرده‌ایم. پروردگار، خدا است که ما را روشن نموده است؛ قربانی‌ها را با طناب ببندید تا هنگامی که (برای قربانی شدن) به گوشه‌های قربانگاه آورده شوند. پروردگار، خدا است که ما را روشن نموده است؛ قربانی‌ها را با طناب ببندید تا هنگامی که (برای قربانی شدن) به گوشه‌های قربانگاه آورده شوند. تو پروردگار من هستی و من شکر تو را می‌گویم. ای خدای من، تو را متعال می‌خوانم. تو پروردگار من هستی و من شکر تو را می‌گویم. ای خدای من، تو را متعال می‌خوانم. به درگاه خدا که خوب است شکر بگویید چون که احسان او ابدی است. به درگاه خدا که خوب است شکر بگویید چون که احسان او ابدی است (مزامیر ۲۹-۱۱۸:۲۶).

Hallel, Songs of Praise and Thanks

هلل، سرودهای مدح و شکرگزاری

Thank the Lord, since He is good,
since His kindness is forever.

به درگاه خداوند که خوب است شکر بگویید؛
چون که احسان او ابدی است.

Thank the Power of powers
since His kindness is forever.

به درگاه خدای خدایان شکر بگویید؛
چون که احسان او ابدی است.

To the Master of masters,
since His kindness is forever.

به درگاه سرور سروان شکر بگویید؛
چون که احسان او ابدی است.

לְעֹשֵׂה נִפְלָאוֹת גְּדֹלוֹת לְבַדּוֹ   כִּי לְעוֹלָם חַסְדּוֹ:

לְעֹשֵׂה הַשָּׁמַיִם בִּתְבוּנָה   כִּי לְעוֹלָם חַסְדּוֹ:

לְרֹקַע הָאָרֶץ עַל־הַמָּיִם   כִּי לְעוֹלָם חַסְדּוֹ:

לְעֹשֵׂה אוֹרִים גְּדֹלִים   כִּי לְעוֹלָם חַסְדּוֹ:

אֶת־הַשֶּׁמֶשׁ לְמֶמְשֶׁלֶת בַּיּוֹם   כִּי לְעוֹלָם חַסְדּוֹ:

אֶת־הַיָּרֵחַ וְכוֹכָבִים לְמֶמְשְׁלוֹת בַּלָּיְלָה   כִּי לְעוֹלָם חַסְדּוֹ:

לְמַכֵּה מִצְרַיִם בִּבְכוֹרֵיהֶם   כִּי לְעוֹלָם חַסְדּוֹ:

וַיּוֹצֵא יִשְׂרָאֵל מִתּוֹכָם   כִּי לְעוֹלָם חַסְדּוֹ:

בְּיָד חֲזָקָה וּבִזְרוֹעַ נְטוּיָה   כִּי לְעוֹלָם חַסְדּוֹ:

לְגֹזֵר יַם־סוּף לִגְזָרִים   כִּי לְעוֹלָם חַסְדּוֹ:

וְהֶעֱבִיר יִשְׂרָאֵל בְּתוֹכוֹ   כִּי לְעוֹלָם חַסְדּוֹ:

115

To the One who alone does wondrously great deeds,
since His kindness is forever.

به درگاه آنکه خودش به تنهایی، عجایبی حیرت انگیز به ظهور می‌رساند؛
چون که احسان او ابدی است.

To the one who made the Heavens with discernment,
since His kindness is forever.

به درگاه آنکه آسمان‌ها را با فهم و کمال ایجاد کرده است؛
چون که احسان او ابدی است.

To the One who spread the earth over the waters,
since His kindness is forever.

به درگاه آنکه قشر زمین را بر روی آب‌های زیرزمینی گسترده است؛
چون که احسان او ابدی است.

To the One who made great lights,
since His kindness is forever.

به درگاه آنکه نورهای بزرگ را ایجاد کرده است؛
چون که احسان او ابدی است.

The sun to rule in the day,
since His kindness is forever.

آفتاب را مامور کرده است برای حکومت در روز؛
چون که احسان او ابدی است.

The moon and the stars to rule in the night,
since His kindness is forever.

و ماه و ستارگان را برای حکومت در شب؛
چون که احسان او ابدی است.

To the One that smote Egypt through their firstborn,
since His kindness is forever.

به درگاه آنکه مصریان را با اولزادانشان ضربت زد؛
چون که احسان او ابدی است.

And He took Israel out from among them,
since His kindness is forever.

و ایسرائل را از میان آنها خارج ساخت؛
چون که احسان او ابدی است.

With a strong hand and an outstretched forearm,
since His kindness is forever.

با قدرت قوی و بازوی افراشته؛
چون که احسان او ابدی است.

To the One who cut up the Red Sea into strips,
since His kindness is forever.

به درگاه آنکه دل دریای سرخ را با شکاف‌های بسیار شکافت؛
چون که احسان او ابدی است.

And He made Israel to pass through it,
since His kindness is forever.

و ایسرائل را از میان آن عبور داد؛
چون که احسان او ابدی است.

וְנִעֵר פַּרְעֹה וְחֵילוֹ בְיַם־
סוּף   כִּי לְעוֹלָם חַסְדּוֹ:

לְמוֹלִיךְ עַמּוֹ בַּמִּדְבָּר   כִּי לְעוֹלָם חַסְדּוֹ:

לְמַכֵּה מְלָכִים גְּדֹלִים   כִּי לְעוֹלָם חַסְדּוֹ:

וַיַּהֲרֹג מְלָכִים אַדִּירִים   כִּי לְעוֹלָם חַסְדּוֹ:

לְסִיחוֹן מֶלֶךְ הָאֱמֹרִי   כִּי לְעוֹלָם חַסְדּוֹ:

וּלְעוֹג מֶלֶךְ הַבָּשָׁן   כִּי לְעוֹלָם חַסְדּוֹ:

וְנָתַן אַרְצָם לְנַחֲלָה   כִּי לְעוֹלָם חַסְדּוֹ:

נַחֲלָה לְיִשְׂרָאֵל עַבְדּוֹ   כִּי לְעוֹלָם חַסְדּוֹ:

שֶׁבְּשִׁפְלֵנוּ זָכַר לָנוּ   כִּי לְעוֹלָם חַסְדּוֹ:

וַיִּפְרְקֵנוּ מִצָּרֵינוּ   כִּי לְעוֹלָם חַסְדּוֹ:

נֹתֵן לֶחֶם לְכָל־בָּשָׂר   כִּי לְעוֹלָם חַסְדּוֹ:

הוֹדוּ לְאֵל הַשָּׁמָיִם   כִּי לְעוֹלָם חַסְדּוֹ:

And He jolted Pharaoh and his troop in the Red Sea,
  since His kindness is forever.

و فرعون و قومش را در دریای سرخ، غرق کرد؛

چون که احسان او ابدی است.

To the One who led his people in the wilderness,
  since His kindness is forever.

به درگاه آنکه قوم خود را در بیابان رهبری کرد؛

چون که احسان او ابدی است.

To the One who smote great kings,
  since His kindness is forever.

به درگاه آنکه سلاطین بزرگی را ضربت زد؛

چون که احسان او ابدی است.

And he killed mighty kings,
  since His kindness is forever.

و پادشاهان نیرومندی را هلاک نمود؛
چون که احسان او ابدی است.

Sichon, king of the Amorite,
  since His kindness is forever.

یعنی سیحون، سلطان اموری را
چون که احسان او ابدی است.

And Og, king of the Bashan,
  since His kindness is forever.

و عوگ، پادشاه باشان را
چون که احسان او ابدی است.

And he gave their land as an inheritance,
  since His kindness is forever.

و سرزمین آنها را به صورت نصیب و قسمت قرار داد؛
چون که احسان او ابدی است.

An inheritance for Israel, His servant,
  since His kindness is forever.

نصیب به ملت ایسرائل، بنده‌اش؛
چون که احسان او ابدی است.

That in our lowliness, He remembered us,
  since His kindness is forever.

آنکه در پستی ما، ما را به یاد آورد؛
چون که احسان او ابدی است.

And he delivered us from our adversaries,
  since His kindness is forever.

و ما را از دشمنانمان خلاص نمود؛
چون که احسان او ابدی است.

He gives bread to all flesh,
  since His kindness is forever.

آنکه به هر موجود زنده‌ای رزق و روزی می‌دهد؛
چون که احسان او ابدی است.

Thank the Power of the heavens,
  since His kindness is forever.
  (Psalms 136)

به درگاه خدای آسمان‌ها شکر بگویید؛
چون که احسان او ابدی است.
(مزامیر ۱۳۶)

נִשְׁמַת כָּל-חַי תְּבָרֵךְ אֶת שִׁמְךָ יְהוָֹה אֱלֹהֵינוּ וְרוּחַ כָּל-בָּשָׂר תְּפָאֵר וּתְרוֹמֵם זִכְרְךָ מַלְכֵּנוּ תָּמִיד. מִן-הָעוֹלָם וְעַד-הָעוֹלָם אַתָּה אֵל. וּמִבַּלְעָדֶיךָ אֵין לָנוּ (מֶלֶךְ) גּוֹאֵל וּמוֹשִׁיעַ. פּוֹדֶה וּמַצִּיל. וְעוֹנֶה וּמְרַחֵם. בְּכָל-עֵת צָרָה וְצוּקָה. אֵין לָנוּ מֶלֶךְ עוֹזֵר וְסוֹמֵךְ אֶלָּא אָתָּה:

אֱלֹהֵי הָרִאשׁוֹנִים וְהָאַחֲרוֹנִים. אֱלוֹהַּ כָּל בְּרִיּוֹת. אֲדוֹן כָּל-תּוֹלָדוֹת. הַמְהֻלָּל בְּכָל-הַתִּשְׁבָּחוֹת. הַמְנַהֵג עוֹלָמוֹ בְּחֶסֶד. וּבְרִיּוֹתָיו בְּרַחֲמִים. וַיהוָֹה אֱלֹהִים אֱמֶת לֹא יָנוּם וְלֹא יִישָׁן. הַמְעוֹרֵר יְשֵׁנִים וְהַמֵּקִיץ נִרְדָּמִים. מְחַיֵּה מֵתִים. וְרוֹפֵא חוֹלִים. פּוֹקֵחַ עִוְרִים. וְזוֹקֵף כְּפוּפִים. הַמֵּשִׂיחַ אִלְּמִים. וְהַמְפַעֲנֵחַ נֶעֱלָמִים. וּלְךָ לְבַדְּךָ אֲנַחְנוּ מוֹדִים:

וְאִלּוּ פִינוּ מָלֵא שִׁירָה כַּיָּם. וּלְשׁוֹנֵנוּ רִנָּה כַּהֲמוֹן גַּלָּיו. וְשִׂפְתוֹתֵינוּ שֶׁבַח כְּמֶרְחֲבֵי רָקִיעַ. וְעֵינֵינוּ מְאִירוֹת

The soul of every living being shall bless Your Name, Lord, our God, the spirit of all flesh shall always glorify and exalt Your remembrance, our King. From this world to the World to Come, You are God, and other than You we have no king, redeemer, or savior. He who liberates, rescues and sustains, answers and is merciful in every time of distress and anguish, we have no king, helper or supporter but You!

God of the first and the last, God of all creatures, Master of all Generations, Who is extolled through a multitude of praises, Who guides His world with kindness and His creatures with mercy. The Lord is truth; He neither slumbers nor sleeps. He Who rouses the sleepers and awakens the slumberers. Who raises the dead and heals the sick, causes the blind to see and straightens the bent. Who makes the mute speak and reveals what is hidden. To You alone we give thanks!

Were our mouth as full of song as the sea, and our tongue as full of joyous song as its multitude of waves, and our lips as full of praise as the breadth of the heavens, and our eyes as brilliant as the sun and the moon, and our hands

جان هر ذی‌حیاتی، ای خدای خالق ما، بایستی که نام تو را متبارک گوید و ای پادشاه ما، روح هر موجود زنده‌ای بایستی دائم یادبود تو را پرافتخار و بلندمرتبه سازد. از ازل تا ابد، تو خدا هستی و به جز تو پادشاهی نجات‌بخش و فرج‌دهنده، بازخرنده و خلاص‌کننده، استجابت‌کننده و رحم‌کننده در موقع عذاب و تنگی نداریم و ما را پادشاهی کمک‌کننده و مددکار به غیر از تو نیست.

خدای متقدّمین و متاخرین، خالق همه‌ی کائنات و سرور جمیع موجودات، آنکه با تمام تسبیحات، تهلیل گفته می‌شود و آنکه جهان خود را با احسان و مخلوقات خویش را با رحمت، رهبری می‌کند. خداوند خالق، حقیقت محض است، چرت نمی‌زند و به خواب نمی‌رود. او خدایی است که خفتگان را از خواب برمی‌انگیزاند و مدهوشان را بیدار می‌کند، مردگان را زنده می‌گرداند، بیماران را شفا می‌دهد، نابینایان را بینا می‌کند، قامت خمیدگان را راست می‌گرداند، لال‌ها را گویا می‌کند و اسرار پوشیده را فاش می‌سازد. پس ما ای خدا، فقط به تو شکرگزار هستیم.

و اگر هم دهانمان مانند دریا از سرود، پُر شود و زبانمان از ترنم مانند امواج فراوان آن و لبانمان از مدح و ثنا چون عرصه‌ی آسمان‌ها و چشمانمان مانند خورشید و ماه، روشنایی دهند و دستانمان چون بال‌های عقاب‌های آسمان، گسترده و پاهایمان مانند

כַּשֶּׁמֶשׁ וְכַיָּרֵחַ. וְיָדֵינוּ פְרוּשׂוֹת כְּנִשְׁרֵי שָׁמָיִם. וְרַגְלֵינוּ קַלּוֹת כָּאַיָּלוֹת. אֵין אֲנַחְנוּ מַסְפִּיקִין לְהוֹדוֹת לְךָ יְהֹוָה אֱלֹהֵינוּ. וּלְבָרֵךְ אֶת-שִׁמְךָ מַלְכֵּנוּ. עַל-אַחַת מֵאֶלֶף אַלְפֵי אֲלָפִים וְרוֹב רִבֵּי רְבָבוֹת פְּעָמִים. הַטּוֹבוֹת נִסִּים וְנִפְלָאוֹת שֶׁעָשִׂיתָ עִמָּנוּ וְעִם אֲבוֹתֵינוּ. מִלְּפָנִים מִמִּצְרַיִם גְּאַלְתָּנוּ יְהֹוָה אֱלֹהֵינוּ. מִבֵּית עֲבָדִים פְּדִיתָנוּ. בְּרָעָב זַנְתָּנוּ. וּבְשָׂבָע כִּלְכַּלְתָּנוּ. מֵחֶרֶב הִצַּלְתָּנוּ. מִדֶּבֶר מִלַּטְתָּנוּ. וּמֵחֳלָאִים רָעִים וְרַבִּים דִּלִּיתָנוּ. עַד הֵנָּה עֲזָרוּנוּ רַחֲמֶיךָ וְלֹא עֲזָבוּנוּ חֲסָדֶיךָ. עַל כֵּן אֵבָרִים שֶׁפִּלַּגְתָּ בָּנוּ. וְרוּחַ וּנְשָׁמָה שֶׁנָּפַחְתָּ בְּאַפֵּינוּ. וְלָשׁוֹן אֲשֶׁר שַׂמְתָּ בְּפִינוּ. הֵן הֵם. יוֹדוּ וִיבָרְכוּ. וִישַׁבְּחוּ. וִיפָאֲרוּ. וִישׁוֹרְרוּ. אֶת-שִׁמְךָ מַלְכֵּנוּ תָּמִיד. כִּי כָל-פֶּה לְךָ יוֹדֶה. וְכָל-לָשׁוֹן לְךָ תְשַׁבֵּחַ. וְכָל-עַיִן לְךָ תְצַפֶּה. וְכָל-בֶּרֶךְ לְךָ תִכְרַע. וְכָל-קוֹמָה לְפָנֶיךָ תִשְׁתַּחֲוֶה. וְהַלְּבָבוֹת יִירָאוּךָ. וְהַקֶּרֶב

as outspread as the eagles of the sky and our feet as swift as hinds -- we still could not thank You sufficiently, HaShem our God and God of our forefathers, and to bless Your Name for even one of the thousand thousand, thousands of thousands and myriad myriads of favors, miracles and wonders that you performed for our ancestors and for us. At first You redeemed us from Egypt, Lord, our God, and liberated us from the house of bondage. In famine You nourished us, and in plenty you sustained us. From sword you saved us; from plague you let us escape; and from severe and enduring diseases you spared us. Until now Your mercy has helped us, and Your kindness has not forsaken us. Do not abandon us, Lord, our God, forever. Therefore the organs that you set within us and the spirit and soul that you breathed into our nostrils, and the tongue that you placed in our mouth - all of them shall thank and bless and praise and glorify, exalt and revere, be devoted, sanctify and declare the sovereignty of Your Name, our King. For every mouth shall offer thanks to You; every tongue shall vow allegiance to You; every knee shall bend to You; every erect spine shall prostrate itself before You; all hearts shall fear You; and all innermost feelings and thoughts shall sing praises to Your name, as it is written:

غزال‌ها، سبک باشند، با وجود این‌ها، ای خدای خالق ما، به اندازه‌ی کافی ما توانایی نخواهیم داشت که شکر تو را گوییم و به پاس یکی از هزاران هزار و ده‌ها هزار از مراتب خوبی و معجزات و عجایبی که برای خود ما و اجداد ما در گذشته انجام دادی، اسم تو را، ای پادشاه، متبارک بخوانیم. ای خدای خالق ما، تو ما را از سرزمین مصر نجات دادی، در دوران سیری و فراوانی به ما نفقه عطا فرمودی، ما را از آسیب شمشیر خلاص کردی. از بلای طاعون رهانیدی و از بیماری‌های بد و بسیار، محفوظ داشتی. تا کنون رحم‌های تو، ما را یاری نموده‌اند و احسان‌های تو، ما را ترک نکرده‌اند. بنابراین اعضا و جوارحی که در بدن ما به وجود آورده‌ای و روح و روانی که در دماغ ما دمیده‌ای و زبانی که در دهان ما نهاده‌ای، اینک همه‌ی آن‌ها بایستی تو را شکر گویند، متبارک خوانند، تحسین کنند، مفتخر بدانند و به نام تو، ای پادشاه ما، دائم سرود بخوانند. زیرا هر دهانی شکر تو را می‌گوید و هر زبانی تسبیح تو را می‌خواند؛ هر چشمی به سوی تو می‌نگرد و از سوی تو انتظار دارد؛ هر زانویی به حضور تو رکوع می‌کند و هر قامتی به درگاه تو سجده نموده و به خاک می‌افتد. دل‌ها از تو می‌ترسند و اعضای درونی و کلیه‌ها به نام تو سرود می‌خوانند. همان‌طور که مرقوم است: (مزامیر ۳۵:۱۰) «تمام استخوان‌های من

וְהַכְּלָיוֹת יְזַמְּרוּ לִשְׁמֶךָ. כַּדָּבָר שֶׁנֶּאֱמַר. כָּל עַצְמוֹתַי | תֹּאמַרְנָה יְהוָה מִי כָמוֹךָ מַצִּיל עָנִי מֵחָזָק מִמֶּנּוּ וְעָנִי וְאֶבְיוֹן מִגֹּזְלוֹ. שַׁוְעַת עֲנִיִּים אַתָּה תִשְׁמַע. צַעֲקַת הַדַּל תַּקְשִׁיב וְתוֹשִׁיעַ. וְכָתוּב. רַנְּנוּ צַדִּיקִים בַּיהוָה לַיְשָׁרִים נָאוָה תְהִלָּה:

בְּפִי	יְ	שָׁרִים	תִּתְ	ר	וֹמָם:
וּבְשִׂפְתֵי	צַ	דִּיקִים	תִּתְ	בָּ	רַךְ:
וּבִלְשׁוֹן	חֲ	סִידִים	תִּתְ	קַ	דָּשׁ:
וּבְקֶרֶב	קְ	דוֹשִׁים	תִּתְ	הַ	לָּל:

בְּמִקְהֲלוֹת רִבְבוֹת עַמְּךָ בֵּית יִשְׂרָאֵל. שֶׁכֵּן חוֹבַת כָּל-הַיְצוּרִים לְפָנֶיךָ יְהוָה אֱלֹהֵינוּ וֵאלֹהֵי אֲבוֹתֵינוּ. לְהוֹדוֹת. לְהַלֵּל. לְשַׁבֵּחַ. לְפָאֵר. לְרוֹמֵם. לְהַדֵּר. וּלְנַצֵּחַ. עַל-כָּל-דִּבְרֵי שִׁירוֹת וְתִשְׁבְּחוֹת דָּוִד בֶּן-יִשַׁי עַבְדְּךָ מְשִׁיחֶךָ: וּבְכֵן

יִשְׁתַּבַּח שִׁמְךָ לָעַד מַלְכֵּנוּ. הָאֵל. הַמֶּלֶךְ הַגָּדוֹל. וְהַקָּדוֹשׁ.

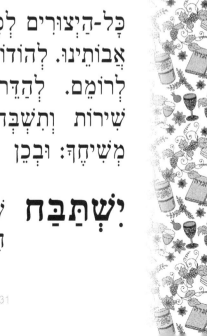

KADDESH
URCHATZ
KARPAS
YACHATZ
MAGID
ROCHTZA
MOTZI
MATZA
MAROR
KORECH
SHOLCHAN ORECH
TZAFON
BARECH
HALEL
NIRTZA

(Psalms 35:10) "All my bones shall say, Lord who is like You? You save the poor man from one who is stronger than he, the poor and destitute from the one who would rob him." The outcry of the poor You hear, the screams of the destitute You listen to, and You save. And it is written: (Psalms 33:1) "Sing joyfully, O righteous, before the Lord; for the upright praise is fitting."

می‌گویند: خدایا کیست مانند تو که فقیر را از دست قوی‌تر از خودش خلاص می‌کند و گدا و مسکین را از دست غاصب رهایی می‌بخشی» استغاثه فقرا را می‌شونی و به فریاد شخص ذلیل توجه نموده و او را نجات می‌دهی. باز مرقوم است: (مزامیر ۳۳:۱) «ای عادلان، به درگاه خدا، ترنم گویید، مدح و ثنا گفتن، برازنده‌ی درستکاران است».

By the mouth of the upright
shall You be exalted;

به دهان درستکاران، بلند مرتبه خوانده می‌شوی؛

By the lips of the righteous
shall You be blessed;

بر لبان عادلان، متبارک گفته می‌شوی؛

By the tongue of the devout
shall You be sanctified;

بر زبان فاضلان، مقدس خوانده می‌شوی؛

And amid the holy
shall You be lauded.

و در دل مقدّسان تهلیل گفته می‌شوی.

And in the assemblies of the myriads of Your people, the House of Israel, it is the duty of all creatures, before you O Lord, our God and God of our forefathers to thank, laud, praise, glorify, exalt, adore, render triumphant, bless, raise high, and sing praises - even beyond all expressions of the songs and praises of David, the son of Jesse, Your servant, Your anointed. And thus:

در اجتماعات تعداد کثیری از قوم تو، خاندان ایسرائل، وظیفه‌ی تمام مخلوقات به حضور تو چنین است که با اشعار و حمد و ثناهای حضرت داوید بن یشای، بنده‌ی مسح شده‌ی تو همزبان شده، به درگاه تو شکرگزاری نموده، تهلیل گفته، تسبیح خوانده، تو را مفتخر داشته، بلندمرتبه ساخته، شوکت داده و ابدی بدانند و بنابراین:

May Your name be praised forever- our King, the God, the Great and holy King -

ای پادشاه ما، ای خدا و ای سلطان بزرگوار و مقدس، نام تو تا به ابد در آسمان و در زمین مورد تحسین است.

בַּשָּׁמַיִם וּבָאָרֶץ. כִּי לְךָ נָאֶה יְהֹוָה אֱלֹהֵינוּ וֵאלֹהֵי אֲבוֹתֵינוּ לְעוֹלָם וָעֶד. א שִׁיר. ב וּשְׁבָחָה. ג הַלֵּל. ד וְזִמְרָה. ה עֹז. ו וּמֶמְשָׁלָה. ז נֶצַח. ח גְּדֻלָּה. ט גְבוּרָה. י תְּהִלָּה. יא וְתִפְאֶרֶת. יב קְדֻשָּׁה. יג וּמַלְכוּת. בְּרָכוֹת וְהוֹדָאוֹת. לְשִׁמְךָ הַגָּדוֹל וְהַקָּדוֹשׁ. וּמֵעוֹלָם וְעַד עוֹלָם אַתָּה אֵל: יְהַלְלוּךָ יְהֹוָה אֱלֹהֵינוּ כָּל-מַעֲשֶׂיךָ. וַחֲסִידֶיךָ וְצַדִּיקִים עוֹשֵׂי רְצוֹנֶךָ. וְעַמְּךָ בֵּית יִשְׂרָאֵל. כֻּלָּם בְּרִנָּה יוֹדוּ וִיבָרְכוּ וִישַׁבְּחוּ וִיפָאֲרוּ אֶת-שֵׁם כְּבוֹדֶךָ. כִּי לְךָ טוֹב לְהוֹדוֹת וּלְשִׁמְךָ נָעִים לְזַמֵּר. וּמֵעוֹלָם וְעַד עוֹלָם אַתָּה אֵל. בָּרוּךְ אַתָּה יְהֹוָה מֶלֶךְ מְהֻלָּל בַּתִּשְׁבָּחוֹת. אָמֵן:

הלל, כוס רביעית

וישתה כוס רביעי בהסבה ואחר כך יברך ברכה אחרונה

הלל, ברכה אחרונה

בָּרוּךְ אַתָּה יְהֹוָה. אֱלֹהֵינוּ מֶלֶךְ הָעוֹלָם. עַל הַגֶּפֶן וְעַל פְּרִי הַגֶּפֶן וְעַל תְּנוּבַת הַשָּׂדֶה. וְעַל אֶרֶץ

in heaven and on earth. Because for you it is fitting - O Lord our God and God of our forefathers - (1) song and (2) praise, (3) lauding and (4) hymns, (5) power and (6) dominion, (7) triumph, (8) greatness and (9) strength, (10) praise and (11) splendor, (12) holiness and (13) sovereignty, blessings and thanksgivings to Your Great and Holy Name; from forever and ever You are God. All Your creations and Your pious and the righteous who carry out Your will, and Your people the House of Israel will praise you. Lord, our God, all of them with joy, will thank and bless and glorify Your honorable name. For to you, it is good to give thanks, and to Your name it is pleasant to praise to sing praise, and forever and ever You are God. Blessed are you, Lord, lauded with praises. Amen.

HALLEL, FOURTH CUP OF WINE

We drink the fourth cup while reclining to the left and then say the following Bracha Achronah.

HALLEL, BRACHA ACHRONAH

Blessed are You, Lord our God, King of the universe, for the vine and for the fruit of the vine; and for the bounty of the field; and for a desirable, good and broad land, which You

چون که ای خدا، ای خالق ما و خالق اجداد ما، ۱) سرود، ۲) تسبیح، ۳) تهلیل، ۴) زمر، ۵) قدرت، ۶) حکومت، ۷) ابدیّت، ۸) بزرگواری، ۹) جبروت، ۱۰) مدح، ۱۱) افتخار، ۱۲) قدوسیت، ۱۳) سلطنت، برکات و سپاس‌ها تا ابدالآباد برای تو و به نام بزرگوار و مقدس تو برازنده است و از ازل تا به ابد تو خدا هستی. ای خدای خالق ما، تمام مخلوقات تو و فاضلان و عادلان اجرا کننده‌ی رضایتت، تو را حمد و ثنا می‌گویند و قوم تو، خاندان ایسرائل همگی با ترنم سپاس به جا آورده و نام عزتمند تو را متبارک می‌خوانند، تسبیح می‌گویند و مفتخر می‌دانند. زیرا به درگاه مبارک تو سپاس گفتن، خوب و به نام عزیز تو سرود گفتن، خوش است و از ازل تا به ابد، تو، خدا هستی. متبارک هستی تو ای خداوند، ای پادشاه مدح شده و با تحسین‌ها- آمین.

هلل، پیاله‌ی چهارم

پیاله‌ی چهارم در حال تکیه دادن بر بازوی چپ نوشیده و سپس براخای آخر زیر گفته می‌شود.

هلل، براخای آخر

متبارک هستی تو ای خدای خالق ما، پادشاه عالم، به خاطر خلق کردن درخت مو و میوه‌ی مو و سایر محصولات کشاورزی و برای سرزمین مرغوب و خوب و پهناوری که تمایل

חֶמְדָּה טוֹבָה וּרְחָבָה. שֶׁרָצִיתָ וְהִנְחַלְתָּ לַאֲבוֹתֵינוּ. לֶאֱכֹל מִפִּרְיָהּ. וְלִשְׂבֹּעַ מִטּוּבָהּ. רַחֵם יְהֹוָה אֱלֹהֵינוּ עָלֵינוּ וְעַל יִשְׂרָאֵל עַמָּךְ. וְעַל יְרוּשָׁלַיִם עִירָךְ. וְעַל הַר צִיּוֹן מִשְׁכַּן כְּבוֹדָךְ. וְעַל מִזְבְּחָךְ. וְעַל הֵיכָלָךְ. וּבְנֵה יְרוּשָׁלַיִם עִיר הַקֹּדֶשׁ בִּמְהֵרָה בְיָמֵינוּ. וְהַעֲלֵנוּ לְתוֹכָהּ. וְשַׂמְּחֵנוּ בְּבִנְיָנָהּ. וּנְבָרֶכְךָ עָלֶיהָ בִּקְדֻשָּׁה וּבְטָהֳרָה. (בשבת וּרְצֵה וְהַחֲלִיצֵנוּ בְּיוֹם הַשַּׁבָּת הַזֶּה.) וְשַׂמְּחֵנוּ בְּיוֹם חַג הַמַּצּוֹת הַזֶּה. בְּיוֹם טוֹב מִקְרָא קֹדֶשׁ הַזֶּה. כִּי אַתָּה טוֹב וּמֵטִיב לַכֹּל. וְנוֹדֶה לְךָ יְהֹוָה אֱלֹהֵינוּ עַל הָאָרֶץ וְעַל פְּרִי הַגֶּפֶן (של ארץ ישראל גַּפְנָהּ).

בָּרוּךְ אַתָּה יְהֹוָה. עַל הָאָרֶץ וְעַל פְּרִי הַגֶּפֶן (של ארץ ישראל גַּפְנָהּ):

נִרְצָה

אִם עָשָׂה כַּסֵּדֶר הַזֶּה יִהְיֶה רָצוּי לִפְנֵי הַשֵּׁם הִתְבָּרֵךְ, וְיִזְכֶּה לְשָׁנִים רַבּוֹת נְעִימוֹת וְטוֹבוֹת.

wanted to give to our fathers, to eat from its fruit and to be satiated from its goodness. Please have mercy, Lord our God upon Israel Your people; and upon Jerusalem, Your city: and upon Zion, the dwelling place of Your glory; and upon Your altar; and upon Your sanctuary; and build Jerusalem Your holy city quickly in our days, and bring us up into it and gladden us in its building; and we shall eat from its fruit, and be satiated from its goodness, and bless You in holiness and purity. [On Shabbat: And may you be pleased to embolden us on this Shabbat day] and gladden us on this day of the Festival of Matzot. Since You, Lord, are good and do good to all, we thank You for the land and for the fruit of the vine.

Blessed are You, Lord, for the land and for the fruit of the vine.

داشتی آن را نصیب اجداد ما سازی تا از میوه‌های آن بخوریم و از نعمت‌های آن سیر شویم. ای خدای خالق ما، بر ما و بر ایسرائل، قوم خودت و بر یروشالییم، شهر برگزیده‌ات و بر کوه صیون، که مسکن جلال تو است و بر قربانگاهت و بر محرابت رحم کن. یروشالییم شهر مقدس را به زودی در ایّام ما آباد فرما. ما را به آن سرزمین ببر و با آباد کردن آن، ما را شاد کن تا تو را در آن سرزمین با قدوسیت و پاکی، متبارک گوییم. (در شبات: از ما راضی شو و در این روز شبات ما را تقویت نما) و ما را در این روز عید فطیر و در این روز خوشی که مقدس خوانده شده است، شادمان ساز. زیرا که تو خوب هستی و به همه، خوبی می‌کنی. ای خدای خالق ما، به خاطر آن سرزمین و به خاطر میوه‌ی درخت مو، ما به درگاه تو شکر می‌گوییم.

متبارک هستی تو ای خدا، به خاطر عطا کردن آن سرزمین و میوه‌ی درخت مو.

NIRTZAH

"Nirtzah" means "acceptance and satisfaction."

At the last step, we say the following prayer:

Hope all this Seder customs have been done successfully; and may it be found acceptable by the Lord. Hope we would do the festival customs of many years with joy and happiness.

نیرتصا

«نیرتصا» به معنی «مورد پذیرش و رضایت قرار گرفتن» است.

در مرحله‌ی آخر، دعای زیر خوانده می‌شود:

امید که تمام رسوم و فرایض این شب صِدِر به خوبی انجام شده و مورد پذیرش و رضایت خداوند متبارک قرار گرفته باشد و نیز امید که مراسم عیدِ سال‌های زیادی را به خوبی و خوشی به انجام برسانیم.

שירי פסח

למרות שסדר פסח הגיע לסופו, אבל יש מנהגים ששרים שירים מיוחדים לחג הפסח אחרי כן.

חד גדיא

חַד גַּדְיָא, חַד גַּדְיָא דְּזַבִּין אַבָּא בִּתְרֵי זוּזֵי, חַד גַּדְיָא, חַד גַּדְיָא.

וְאָתָא שׁוּנְרָא וְאָכְלָה לְגַדְיָא, דְּזַבִּין אַבָּא בִּתְרֵי זוּזֵי. חַד גַּדְיָא, חַד גַּדְיָא.

וְאָתָא כַלְבָּא וְנָשַׁךְ לְשׁוּנְרָא, דְּאָכְלָה לְגַדְיָא, דְּזַבִּין אַבָּא בִּתְרֵי זוּזֵי. חַד גַּדְיָא, חַד גַּדְיָא.

וְאָתָא חוּטְרָא וְהִכָּה לְכַלְבָּא, דְּנָשַׁךְ לְשׁוּנְרָא, דְּאָכְלָה לְגַדְיָא, דְּזַבִּין אַבָּא בִּתְרֵי זוּזֵי. חַד גַּדְיָא, חַד גַּדְיָא.

וְאָתָא נוּרָא וְשָׂרַף לְחוּטְרָא, דְּהִכָּה לְכַלְבָּא, דְּנָשַׁךְ לְשׁוּנְרָא, דְּאָכְלָה לְגַדְיָא, דְּזַבִּין אַבָּא בִּתְרֵי זוּזֵי. חַד גַּדְיָא, חַד גַּדְיָא.

PESACH SONGS

سرودهای پسح

Although the Seder ceremony has been finished, but it is customary for some to sing the pesach songs after that.

با اینکه مراسم صِدِر به پایان رسیده است، اما بعضی رسم دارند که بعد از آن، سرودهای مخصوص پسح بخوانند.

CHAD GADYA

خدگدیا

One kid, one kid that my father bought for two zuz, one kid, one kid.

بزغاله‌ای، بزغاله‌ای که خرید پدر آن را به ارزش دو سکه‌ی طلا.

Then came a cat and ate the kid that my father bought for two zuz, one kid, one kid.

و آمد گربه‌ای و خورد آن بزغاله‌ای که خرید پدر آن را به ارزش دو سکه‌ی طلا، بزغاله‌ای، بزغاله‌ای.

Then came a dog and bit the cat, that ate the kid that my father bought for two zuz, one kid, one kid.

و آمد سگی و دندان گرفت آن گربه‌ای را که خورد آن بزغاله‌ای که خرید پدر آن را به ارزش دو سکه‌ی طلا، بزغاله‌ای، بزغاله‌ای.

Then came a stick and hit the dog, that bit the cat, that ate the kid that my father bought for two zuz, one kid, one kid.

و آمد چوبی و زد آن سگی را که دندان گرفت آن گربه‌ای را که خورد آن بزغاله‌ای که خرید پدر آن را به ارزش دو سکه‌ی طلا، بزغاله‌ای، بزغاله‌ای.

Then came fire and burnt the stick, that hit the dog, that bit the cat, that ate the kid that my father bought for two zuz, one kid, one kid.

و آمد آتشی و سوزاند آن چوبی را که زد آن سگی را که دندان گرفت آن گربه‌ای را که خورد آن بزغاله‌ای که خرید پدر آن را به ارزش دو سکه‌ی طلا، بزغاله‌ای، بزغاله‌ای.

Then came water and extinguished the fire, that burnt the stick, that hit the dog,

و آمد آبی و خاموش کرد آن آتشی را که سوزاند آن چوبی را که زد آن سگی را که دندان گرفت آن گربه‌ای را

וְאָתָא מַיָּא וְכָבָה לְנוּרָא, דְּשָׂרַף לְחוּטְרָא, דְּהִכָּה לְכַלְבָּא, דְּנָשַׁךְ לְשׁוּנְרָא, דְּאָכְלָה לְגַדְיָא, דְּזַבִּין אַבָּא בִּתְרֵי זוּזֵי. חַד גַּדְיָא, חַד גַּדְיָא.

וְאָתָא תוֹרָא וְשָׁתָה לְמַיָּא, דְּכָבָה לְנוּרָא, דְּשָׂרַף לְחוּטְרָא, דְּהִכָּה לְכַלְבָּא, דְּנָשַׁךְ לְשׁוּנְרָא, דְּאָכְלָה לְגַדְיָא, דְּזַבִּין אַבָּא בִּתְרֵי זוּזֵי. חַד גַּדְיָא, חַד גַּדְיָא.

וְאָתָא הַשּׁוֹחֵט וְשָׁחַט לְתוֹרָא, דְּשָׁתָה לְמַיָּא, דְּכָבָה לְנוּרָא, דְּשָׂרַף לְחוּטְרָא, דְּהִכָּה לְכַלְבָּא, דְּנָשַׁךְ לְשׁוּנְרָא, דְּאָכְלָה לְגַדְיָא, דְּזַבִּין אַבָּא בִּתְרֵי זוּזֵי. חַד גַּדְיָא, חַד גַּדְיָא.

וְאָתָא מַלְאַךְ הַמָּוֶת וְשָׁחַט לְשׁוֹחֵט, דְּשָׁחַט לְתוֹרָא, דְּשָׁתָה לְמַיָּא, דְּכָבָה לְנוּרָא, דְּשָׂרַף לְחוּטְרָא, דְּהִכָּה לְכַלְבָּא, דְּנָשַׁךְ לְשׁוּנְרָא, דְּאָכְלָה לְגַדְיָא, דְּזַבִּין אַבָּא בִּתְרֵי זוּזֵי. חַד גַּדְיָא, חַד גַּדְיָא.

וְאָתָא הַקָּדוֹשׁ בָּרוּךְ הוּא וְשָׁחַט לְמַלְאַךְ הַמָּוֶת, דְּשָׁחַט לְשׁוֹחֵט, דְּשָׁחַט לְתוֹרָא, דְּשָׁתָה לְמַיָּא, דְּכָבָה לְנוּרָא, דְּשָׂרַף לְחוּטְרָא, דְּהִכָּה לְכַלְבָּא, דְּנָשַׁךְ לְשׁוּנְרָא, דְּאָכְלָה לְגַדְיָא, דְּזַבִּין אַבָּא בִּתְרֵי זוּזֵי. חַד גַּדְיָא, חַד גַּדְיָא.

that bit the cat, that ate the kid that my father bought for two zuz, one kid, one kid.

که خورد آن بزغاله‌ای که خرید پدر آن را به ارزش دو سکه‌ی طلا، بزغاله‌ای، بزغاله‌ای.

Then came a bull and drank the water, that extinguished the fire, that burnt the stick, that hit the dog, that bit the cat, that ate the kid that my father bought for two zuz, one kid, one kid.

و آمد گاوی و نوشید آن آبی را که خاموش کرد آن آتشی را که سوزاند آن چوبی را که زد آن سگی را که دندان گرفت آن گربه‌ای را که خورد آن بزغاله‌ای که خرید پدر آن را به ارزش دو سکه‌ی طلا، بزغاله‌ای، بزغاله‌ای.

Then came the schochet and slaughtered the bull, that drank the water, that extinguished the fire, that burnt the stick, that hit the dog, that bit the cat, that ate the kid that my father bought for two zuz, one kid, one kid.

و آمد شوخطی و شخیطا کرد آن گاوی را که نوشید آن آبی را که خاموش کرد آن آتشی را که سوزاند آن چوبی را که زد آن سگی را که دندان گرفت آن گربه‌ای را که خورد آن بزغاله‌ای که خرید پدر آن را به ارزش دو سکه‌ی طلا، بزغاله‌ای، بزغاله‌ای.

Then came the angel of death and slaughtered the schochet, who slaughtered the bull, that drank the water, that extinguished the fire, that burnt the stick, that hit the dog, that bit the cat, that ate the kid that my father bought for two zuz, one kid, one kid.

و آمد فرشته‌ی مرگ و شخیطا کرد آن شوخطی را که شخیطا کرد آن گاوی را که نوشید آن آبی را که خاموش کرد آن آتشی را که سوزاند آن چوبی را که زد آن سگی را که دندان گرفت آن گربه‌ای را که خورد آن بزغاله‌ای که خرید پدر آن را به ارزش دو سکه‌ی طلا، بزغاله‌ای، بزغاله‌ای.

Then came the Holy One, blessed be He and slaughtered the angel of death, who slaughtered the schochet, who slaughtered the bull, that drank the water, that extinguished the fire, that burnt the stick, that hit the dog, that bit the cat, that ate the kid that my father bought for two zuz, one kid, one kid

و آمد خداوند متبارک و شخیطا کرد آن فرشته‌ی مرگ را که شخیطا کرد آن شوخطی را که شخیطا کرد آن گاوی را که نوشید آن آبی را که خاموش کرد آن آتشی را که سوزاند آن چوبی را که زد آن سگی را که دندان گرفت آن گربه‌ای را که خورد آن بزغاله‌ای که خرید پدر آن را به ارزش دو سکه‌ی طلا، بزغاله‌ای، بزغاله‌ای.

אֶחָד מִי יוֹדֵעַ

אֶחָד מִי יוֹדֵעַ? אֶחָד אֲנִי יוֹדֵעַ: אֶחָד אֱלֹהֵינוּ שֶׁבַּשָּׁמַיִם וּבָאָרֶץ.

שְׁנַיִם מִי יוֹדֵעַ? שְׁנַיִם אֲנִי יוֹדֵעַ: שְׁנֵי לֻחוֹת הַבְּרִית. אֶחָד אֱלֹהֵינוּ שֶׁבַּשָּׁמַיִם וּבָאָרֶץ.

שְׁלֹשָׁה מִי יוֹדֵעַ? שְׁלֹשָׁה אֲנִי יוֹדֵעַ: שְׁלֹשָׁה אָבוֹת, שְׁנֵי לֻחוֹת הַבְּרִית, אֶחָד אֱלֹהֵינוּ שֶׁבַּשָּׁמַיִם וּבָאָרֶץ.

אַרְבַּע מִי יוֹדֵעַ? אַרְבַּע אֲנִי יוֹדֵעַ: אַרְבַּע אִמָּהוֹת, שְׁלֹשָׁה אָבוֹת, שְׁנֵי לֻחוֹת הַבְּרִית, אֶחָד אֱלֹהֵינוּ שֶׁבַּשָּׁמַיִם וּבָאָרֶץ.

חֲמִשָּׁה מִי יוֹדֵעַ? חֲמִשָּׁה אֲנִי יוֹדֵעַ: חֲמִשָּׁה חוּמְשֵׁי תוֹרָה, אַרְבַּע אִמָּהוֹת, שְׁלֹשָׁה אָבוֹת, שְׁנֵי לֻחוֹת הַבְּרִית, אֶחָד אֱלֹהֵינוּ שֶׁבַּשָּׁמַיִם וּבָאָרֶץ.

שִׁשָּׁה מִי יוֹדֵעַ? שִׁשָּׁה אֲנִי יוֹדֵעַ: שִׁשָּׁה סִדְרֵי מִשְׁנָה, חֲמִשָּׁה חוּמְשֵׁי תוֹרָה, אַרְבַּע אִמָּהוֹת, שְׁלֹשָׁה אָבוֹת, שְׁנֵי לֻחוֹת הַבְּרִית, אֶחָד

ECHAD MI YODEA

اخاد می یودع

W ho knows one? I know one: One is our God in the heavens and the earth.

W ho knows two? I know two: two are the tablets of the covenant, One is our God in the heavens and the earth.

W ho knows three? I know three: three are the fathers, two are the tablets of the covenant, One is our God in the heavens and the earth.

W ho knows four? I know four: four are the mothers, three are the fathers, two are the tablets of the covenant, One is our God in the heavens and the earth.

W ho knows five? I know five: five are the books of the Torah, four are the mothers, three are the fathers, two are the tablets of the covenant, One is our God in the heavens and the earth.

W ho knows six? I know six: six are the orders of the Mishnah, five are the books of the Torah, four are the mothers, three are the fathers, two are the tablets of the covenant, One is our God in the heavens and the earth.

یک را کی می‌داند؟ یک را من می‌دانم: یک خدایمان در آسمان و زمین.

دو را کی می‌داند؟ دو را من می‌دانم: دو لوح ده فرمان، یک خدایمان در آسمان و زمین.

سه را کی می‌داند؟ سه را من می‌دانم: سه پدران، دو لوح ده فرمان، یک خدایمان در آسمان و زمین.

چهار را کی می‌داند؟ چهار را من می‌دانم: چهار مادران، سه پدران، دو لوح ده فرمان، یک خدایمان در آسمان و زمین.

پنج را کی می‌داند؟ پنج را من می‌دانم: پنج کتاب توراه، چهار مادران، سه پدران، دو لوح ده فرمان، یک خدایمان در آسمان و زمین.

شش را کی می‌داند؟ شش را من می‌دانم: شش رساله‌ی میشنا، پنج کتاب توراه، چهار مادران، سه

אֱלֹהֵינוּ שֶׁבַּשָּׁמַיִם וּבָאָרֶץ.

שִׁבְעָה מִי יוֹדֵעַ? שִׁבְעָה אֲנִי יוֹדֵעַ: שִׁבְעָה יְמֵי שַׁבַּתָּא, שִׁשָּׁה סִדְרֵי מִשְׁנָה, חֲמִשָּׁה חוּמְשֵׁי תוֹרָה, אַרְבַּע אִמָּהוֹת, שְׁלֹשָׁה אָבוֹת, שְׁנֵי לֻחוֹת הַבְּרִית, אֶחָד אֱלֹהֵינוּ שֶׁבַּשָּׁמַיִם וּבָאָרֶץ.

שְׁמוֹנָה מִי יוֹדֵעַ? שְׁמוֹנָה אֲנִי יוֹדֵעַ: שְׁמוֹנָה יְמֵי מִילָה, שִׁבְעָה יְמֵי שַׁבַּתָּא, שִׁשָּׁה סִדְרֵי מִשְׁנָה, חֲמִשָּׁה חוּמְשֵׁי תוֹרָה, אַרְבַּע אִמָּהוֹת, שְׁלֹשָׁה אָבוֹת, שְׁנֵי לֻחוֹת הַבְּרִית, אֶחָד אֱלֹהֵינוּ שֶׁבַּשָּׁמַיִם וּבָאָרֶץ.

תִּשְׁעָה מִי יוֹדֵעַ? תִּשְׁעָה אֲנִי יוֹדֵעַ: תִּשְׁעָה יַרְחֵי לֵדָה, שְׁמוֹנָה יְמֵי מִילָה, שִׁבְעָה יְמֵי שַׁבַּתָּא, שִׁשָּׁה סִדְרֵי מִשְׁנָה, חֲמִשָּׁה חוּמְשֵׁי תוֹרָה, אַרְבַּע אִמָּהוֹת, שְׁלֹשָׁה אָבוֹת, שְׁנֵי לֻחוֹת הַבְּרִית, אֶחָד אֱלֹהֵינוּ שֶׁבַּשָּׁמַיִם וּבָאָרֶץ.

עֲשָׂרָה מִי יוֹדֵעַ? עֲשָׂרָה אֲנִי יוֹדֵעַ: עֲשָׂרָה דִבְּרַיָּא, תִּשְׁעָה יַרְחֵי לֵדָה, שְׁמוֹנָה יְמֵי מִילָה, שִׁבְעָה יְמֵי שַׁבַּתָּא, שִׁשָּׁה סִדְרֵי מִשְׁנָה, חֲמִשָּׁה חוּמְשֵׁי תוֹרָה, אַרְבַּע אִמָּהוֹת, שְׁלֹשָׁה אָבוֹת, שְׁנֵי לֻחוֹת הַבְּרִית, אֶחָד אֱלֹהֵינוּ שֶׁבַּשָּׁמַיִם וּבָאָרֶץ.

Who knows seven? I know seven: seven are the days of the week, six are the orders of the Mishnah, five are the books of the Torah, four are the mothers, three are the fathers, two are the tablets of the covenant, One is our God in the heavens and the earth.

Who knows eight? I know eight: eight are the days of circumcision, seven are the days of the week, six are the orders of the Mishnah, five are the books of the Torah, four are the mothers, three are the fathers, two are the tablets of the covenant, One is our God in the heavens and the earth.

Who knows nine? I know nine: nine are the months of birth, eight are the days of circumcision, seven are the days of the week, six are the orders of the Mishnah, five are the books of the Torah, four are the mothers, three are the fathers, two are the tablets of the covenant, One is our God in the heavens and the earth.

Who knows ten? I know ten: ten are the statements, nine are the months of birth, eight are the days of circumcision, seven are the days of the week, six are the orders of the Mishnah, five are the books of the Torah, four are the mothers, three are the fathers, two are the tablets of the covenant, One is our God in the heavens and the earth.

پدران، دو لوح ده فرمان، یک خدایمان در آسمان و زمین.

هفت را کی می‌داند؟ هفت را من می‌دانم: هفت روز هفته، شش رساله‌ی میشنا، پنج کتاب توراه، چهار مادران، سه پدران، دو لوح ده فرمان، یک خدایمان در آسمان و زمین.

هشت را کی می‌داند؟ هشت را من می‌دانم: هشت روز بریت میلا، هفت روز هفته، شش رساله‌ی میشنا، پنج کتاب توراه، چهار مادران، سه پدران، دو لوح ده فرمان، یک خدایمان در آسمان و زمین.

نه را کی می‌داند؟ نه را من می‌دانم: نه ماه بارداری، هشت روز بریت میلا، هفت روز هفته، شش رساله‌ی میشنا، پنج کتاب توراه، چهار مادران، سه پدران، دو لوح ده فرمان، یک خدایمان در آسمان و زمین.

ده را کی می‌داند؟ ده را من می‌دانم: ده فرمان، نه ماه بارداری، هشت روز بریت میلا، هفت روز هفته، شش رساله‌ی میشنا، پنج کتاب توراه، چهار مادران، سه پدران، دو لوح ده فرمان، یک خدایمان در آسمان و زمین.

עֲשָׂרָה אַחַד עָשָׂר מִי יוֹדֵעַ? אַחַד עָשָׂר אֲנִי יוֹדֵעַ: אַחַד עָשָׂר כּוֹכְבַיָּא,

עֲשָׂרָה דִבְּרַיָּא, תִּשְׁעָה יַרְחֵי לֵדָה, שְׁמוֹנָה יְמֵי מִילָה, שִׁבְעָה יְמֵי שַׁבַּתָּא, שִׁשָּׁה סִדְרֵי מִשְׁנָה, חֲמִשָּׁה חוּמְשֵׁי תוֹרָה, אַרְבַּע אִמָּהוֹת, שְׁלֹשָׁה אָבוֹת, שְׁנֵי לֻחוֹת הַבְּרִית, אֶחָד אֱלֹהֵינוּ שֶׁבַּשָּׁמַיִם וּבָאָרֶץ.

שְׁנֵים עָשָׂר מִי יוֹדֵעַ? שְׁנֵים עָשָׂר אֲנִי יוֹדֵעַ: שְׁנֵים עָשָׂר שִׁבְטַיָּא, אַחַד עָשָׂר כּוֹכְבַיָּא, עֲשָׂרָה דִבְּרַיָּא, תִּשְׁעָה יַרְחֵי לֵדָה, שְׁמוֹנָה יְמֵי מִילָה, שִׁבְעָה יְמֵי שַׁבַּתָּא, שִׁשָּׁה סִדְרֵי מִשְׁנָה, חֲמִשָּׁה חוּמְשֵׁי תוֹרָה, אַרְבַּע אִמָּהוֹת, שְׁלֹשָׁה אָבוֹת, שְׁנֵי לֻחוֹת הַבְּרִית, אֶחָד אֱלֹהֵינוּ שֶׁבַּשָּׁמַיִם וּבָאָרֶץ.

שְׁלֹשָׁה עָשָׂר מִי יוֹדֵעַ? שְׁלֹשָׁה עָשָׂר אֲנִי יוֹדֵעַ: שְׁלֹשָׁה עָשָׂר מִדַּיָּא.
שְׁנֵים עָשָׂר שִׁבְטַיָּא, אַחַד עָשָׂר כּוֹכְבַיָּא, עֲשָׂרָה דִבְּרַיָּא, תִּשְׁעָה יַרְחֵי לֵדָה, שְׁמוֹנָה יְמֵי מִילָה, שִׁבְעָה יְמֵי שַׁבַּתָּא, שִׁשָּׁה סִדְרֵי מִשְׁנָה, חֲמִשָּׁה חוּמְשֵׁי תוֹרָה, אַרְבַּע אִמָּהוֹת, שְׁלֹשָׁה אָבוֹת, שְׁנֵי לֻחוֹת הַבְּרִית, אֶחָד אֱלֹהֵינוּ שֶׁבַּשָּׁמַיִם וּבָאָרֶץ.

Who knows eleven? I know eleven: eleven are the stars, ten are the statements, nine are the months of birth, eight are the days of circumcision, seven are the days of the week, six are the orders of the Mishnah, five are the books of the Torah, four are the mothers, three are the fathers, two are the tablets of the covenant, One is our God in the heavens and the earth.

Who knows twelve? I know twelve: twelve are the tribes, eleven are the stars, ten are the statements, nine are the months of birth, eight are the days of circumcision, seven are the days of the week, six are the orders of the Mishnah, five are the books of the Torah, four are the mothers, three are the fathers, two are the tablets of the covenant, One is our God in the heavens and the earth.

Who knows thirteen? I know thirteen: thirteen are the characteristics, twelve are the tribes, eleven are the stars, ten are the statements, nine are the months of birth, eight are the days of circumcision, seven are the days of the week, six are the orders of the Mishnah, five are the books of the Torah, four are the mothers, three are the fathers, two are the tablets of the covenant, One is our God in the heavens and the earth.

یازده را کی می‌داند؟ یازده را من می‌دانم: یازده ستاره، ده فرمان، نه ماه بارداری، هشت روز بریت میلا، هفت روز هفته، شش رساله‌ی میشنا، پنج کتاب تورا‌ه، چهار مادران، سه پدران، دو لوح ده فرمان، یک خدایمان در آسمان و زمین.

دوازده را کی می‌داند؟ دوازده را من می‌دانم: دوازده سبط، یازده ستاره، ده فرمان، نه ماه بارداری، هشت روز بریت میلا، هفت روز هفته، شش رساله‌ی میشنا، پنج کتاب تورا‌ه، چهار مادران، سه پدران، دو لوح ده فرمان، یک خدایمان در آسمان و زمین.

سیزده را کی می‌داند؟ سیزده را من می‌دانم: سیزده صفات الهی، دوازده سبط، یازده ستاره، ده فرمان، نه ماه بارداری، هشت روز بریت میلا، هفت روز هفته، شش رساله‌ی میشنا، پنج کتاب تورا‌ه، چهار مادران، سه پدران، دو لوح ده فرمان، یک خدایمان در آسمان و زمین.

שִׁיר הַשִּׁירִים

שיר השירים

SHIR HASHIRIM

לְשֵׁם יִחוּד קֻדְשָׁא בְּרִיךְ הוּא וּשְׁכִינְתֵּהּ, בִּדְחִילוּ וּרְחִימוּ, וּרְחִימוּ וּדְחִילוּ, לְיַחֲדָא שֵׁם אוֹת יוּ״ד אוֹת הֵ״א בְּאוֹת וָא״ו אוֹת הֵ״א, בְּיִחוּדָא שְׁלִים בְּשֵׁם כָּל יִשְׂרָאֵל, הִנֵּה אֲנַחְנוּ בָּאִים לְשׁוֹרֵר בְּקוֹל נָעִים שִׁיר הַשִּׁירִים, קֹדֶשׁ קָדָשִׁים, לְעוֹרֵר חֲבַצֶּלֶת הַשָּׁרוֹן, לָשִׁיר בְּקוֹל נָעִים גִּילַת וְרַנֵּן כְּבוֹד הַלְּבָנוֹן, וּלְחַבֵּר אֵשֶׁת נְעוּרִים עִם דּוֹדָהּ בְּאַהֲבָה וּרְעוּתָא וְחֶדְוְתָא דְלִבָּא, שָׂשׂוֹן וְשִׂמְחָה יִמָּצֵא בָהּ, תּוֹדָה וְקוֹל זִמְרָה, וְתַעֲלֶה לְפָנֶיךָ קְרִיאַת שִׁיר הַשִּׁירִים כְּאִלּוּ אָמְרוֹ שְׁלֹמֹה בְּעַצְמוֹ, וּכְאִלּוּ הִשַּׂגְנוּ כָּל הַסּוֹדוֹת הַחֲתוּמִים בּוֹ, וִיהִי נֹעַם אֲדֹנָי אֱלֹהֵינוּ עָלֵינוּ, וּמַעֲשֵׂה יָדֵינוּ כּוֹנְנָה עָלֵינוּ, וּמַעֲשֵׂה יָדֵינוּ כּוֹנְנֵהוּ: יִהְיוּ לְרָצוֹן אִמְרֵי פִי וְהֶגְיוֹן לִבִּי לְפָנֶיךָ יְהֹוָה צוּרִי וְגֹאֲלִי:

פרק-א {א} שִׁיר הַשִּׁירִים אֲשֶׁר
לִשְׁלֹמֹה: {ב} יִשָּׁקֵנִי מִנְּשִׁיקוֹת
פִּיהוּ כִּי-טוֹבִים דֹּדֶיךָ מִיָּיִן: {ג} לְרֵיחַ שְׁמָנֶיךָ

טוֹבִ֔ים שֶׁ֖מֶן תּוּרַ֣ק שְׁמֶ֑ךָ עַל-כֵּ֖ן עֲלָמ֥וֹת
אֲהֵבֽוּךָ׃ {ד} מָשְׁכֵ֖נִי אַחֲרֶ֣יךָ נָּר֑וּצָה הֱבִיאַ֨נִי
הַמֶּ֜לֶךְ חֲדָרָ֗יו נָגִ֤ילָה וְנִשְׂמְחָה֙ בָּ֔ךְ נַזְכִּ֤ירָה
דֹדֶ֙יךָ֙ מִיַּ֔יִן מֵישָׁרִ֖ים אֲהֵבֽוּךָ׃ (פ) {ה} שְׁחוֹרָ֤ה
אֲנִי֙ וְֽנָאוָ֔ה בְּנ֖וֹת יְרוּשָׁלָ֑͏ִם כְּאָהֳלֵ֣י קֵדָ֔ר
כִּירִיע֖וֹת שְׁלֹמֹֽה׃ {ו} אַל-תִּרְא֙וּנִי֙ שֶׁאֲנִ֣י
שְׁחַרְחֹ֔רֶת שֶׁשֱּׁזָפַ֖תְנִי הַשָּׁ֑מֶשׁ בְּנֵ֧י אִמִּ֣י
נִֽחֲרוּ-בִ֗י שָׂמֻ֙נִי֙ נֹטֵרָ֣ה אֶת-הַכְּרָמִ֔ים כַּרְמִ֥י
שֶׁלִּ֖י לֹ֥א נָטָֽרְתִּי׃ {ז} הַגִּ֣ידָה לִּ֗י שֶׁאָֽהֲבָה֙
נַפְשִׁ֔י אֵיכָ֣ה תִרְעֶ֔ה אֵיכָ֖ה תַּרְבִּ֣יץ בַּֽצָּהֳרָ֑יִם
שַׁלָּמָ֤ה אֶֽהְיֶה֙ כְּעֹ֣טְיָ֔ה עַ֖ל עֶדְרֵ֥י
חֲבֵרֶֽיךָ׃ {ח} אִם-לֹ֤א תֵֽדְעִי֙ לָ֔ךְ הַיָּפָ֖ה בַּנָּשִׁ֑ים
צְֽאִי-לָ֞ךְ בְּעִקְבֵ֣י הַצֹּ֗אן וּרְעִי֙ אֶת-גְּדִיֹּתַ֔יִךְ עַ֖ל
מִשְׁכְּנ֥וֹת הָרֹעִֽים׃ (פ) {ט} לְסֻסָתִי֙ בְּרִכְבֵ֣י
פַרְעֹ֔ה דִּמִּיתִ֖יךְ רַעְיָתִֽי׃ {י} נָאו֤וּ לְחָיַ֙יִךְ֙ בַּתֹּרִ֔ים
צַוָּארֵ֖ךְ בַּחֲרוּזִֽים׃ {יא} תּוֹרֵ֤י זָהָב֙ נַֽעֲשֶׂה-לָּ֔ךְ
עִ֖ם נְקֻדּ֥וֹת הַכָּֽסֶף׃ {יב} עַד-שֶׁ֤הַמֶּ֙לֶךְ֙ בִּמְסִבּ֔וֹ
נִרְדִּ֖י נָתַ֥ן רֵיחֽוֹ׃ {יג} צְר֨וֹר הַמֹּ֤ר ׀ דּוֹדִי֙ לִ֔י

בֵּ֥ין שָׁדַ֖י יָלִֽין׃ {יד} אֶשְׁכֹּ֨ל הַכֹּ֤פֶר ׀ דּוֹדִי֙ לִ֔י
בְּכַרְמֵ֖י עֵ֥ין גֶּֽדִי׃ (ס) {טו} הִנָּ֤ךְ יָפָה֙ רַעְיָתִ֔י
הִנָּ֥ךְ יָפָ֖ה עֵינַ֥יִךְ יוֹנִֽים׃ {טז} הִנְּךָ֨ יָפֶ֤ה דוֹדִי֙
אַ֣ף נָעִ֔ים אַף-עַרְשֵׂ֖נוּ רַעֲנָנָֽה׃ {יז} קֹר֤וֹת
בָּתֵּ֙ינוּ֙ אֲרָזִ֔ים (רחיטנו) רַהִיטֵ֖נוּ בְּרוֹתִֽים׃

פרק-ב {א} אֲנִי֙ חֲבַצֶּ֣לֶת הַשָּׁר֔וֹן שׁוֹשַׁנַּ֖ת
הָעֲמָקִֽים׃ {ב} כְּשׁוֹשַׁנָּה֙ בֵּ֣ין
הַחוֹחִ֔ים כֵּ֥ן רַעְיָתִ֖י בֵּ֥ין הַבָּנֽוֹת׃ {ג} כְּתַפּ֙וּחַ֙
בַּעֲצֵ֣י הַיַּ֔עַר כֵּ֥ן דּוֹדִ֖י בֵּ֣ין הַבָּנִ֑ים בְּצִלּוֹ֙
חִמַּ֣דְתִּי וְיָשַׁ֔בְתִּי וּפִרְי֖וֹ מָת֥וֹק
לְחִכִּֽי׃ {ד} הֱבִיאַ֙נִי֙ אֶל-בֵּ֣ית הַיָּ֔יִן וְדִגְל֥וֹ עָלַ֖י
אַהֲבָֽה׃ {ה} סַמְּכ֙וּנִי֙ בָּֽאֲשִׁישׁ֔וֹת רַפְּד֖וּנִי
בַּתַּפּוּחִ֑ים כִּי-חוֹלַ֥ת אַהֲבָ֖ה אָֽנִי׃ {ו} שְׂמֹאלוֹ֙
תַּ֣חַת לְרֹאשִׁ֔י וִימִינ֖וֹ תְּחַבְּקֵֽנִי׃ {ז} הִשְׁבַּ֨עְתִּי
אֶתְכֶ֜ם בְּנ֤וֹת יְרוּשָׁלַ֙͏ִם֙ בִּצְבָא֔וֹת א֖וֹ בְּאַיְל֣וֹת
הַשָּׂדֶ֑ה אִם-תָּעִ֧ירוּ ׀ וְֽאִם-תְּעֽוֹרְר֛וּ אֶת-
הָאַהֲבָ֖ה עַ֥ד שֶׁתֶּחְפָּֽץ׃ (ס) {ח} ק֣וֹל דּוֹדִ֔י
הִנֵּה-זֶ֖ה בָּ֑א מְדַלֵּג֙ עַל-הֶ֣הָרִ֔ים מְקַפֵּ֖ץ עַל-

הַגְּבָעוֹת: {ט} דּוֹמֶה דוֹדִי לִצְבִי אוֹ לְעֹפֶר
הָאַיָּלִים הִנֵּה-זֶה עוֹמֵד אַחַר כָּתְלֵנוּ מַשְׁגִּיחַ
מִן-הַחַלֹּנוֹת מֵצִיץ מִן-הַחֲרַכִּים: {י} עָנָה
דוֹדִי וְאָמַר לִי קוּמִי לָךְ רַעְיָתִי יָפָתִי וּלְכִי-
לָךְ: {יא} כִּי-הִנֵּה (הסתו) הַסְּתָיו עָבָר
הַגֶּשֶׁם חָלַף הָלַךְ לוֹ: {יב} הַנִּצָּנִים נִרְאוּ
בָאָרֶץ עֵת הַזָּמִיר הִגִּיעַ וְקוֹל הַתּוֹר נִשְׁמַע
בְּאַרְצֵנוּ: {יג} הַתְּאֵנָה חָנְטָה פַגֶּיהָ וְהַגְּפָנִים
׀ סְמָדַר נָתְנוּ רֵיחַ קוּמִי (לכי) לָךְ רַעְיָתִי
יָפָתִי וּלְכִי-לָךְ: (ס) {יד} יוֹנָתִי בְּחַגְוֵי הַסֶּלַע
בְּסֵתֶר הַמַּדְרֵגָה הַרְאִינִי אֶת-מַרְאַיִךְ
הַשְׁמִיעִינִי אֶת-קוֹלֵךְ כִּי-קוֹלֵךְ עָרֵב וּמַרְאֵיךְ
נָאוֶה: (ס) {טו} אֶחֱזוּ-לָנוּ שׁוּעָלִים שׁוּעָלִים
קְטַנִּים מְחַבְּלִים כְּרָמִים וּכְרָמֵינוּ סְמָדַר:
{טז} דּוֹדִי לִי וַאֲנִי לוֹ הָרֹעֶה בַּשּׁוֹשַׁנִּים: {יז} עַד
שֶׁיָּפוּחַ הַיּוֹם וְנָסוּ הַצְּלָלִים סֹב דְּמֵה-לְךָ
דוֹדִי לִצְבִי אוֹ לְעֹפֶר הָאַיָּלִים עַל-הָרֵי
בָתֶר: (ס)

פרק-ג {א} עַל-מִשְׁכָּבִי֙ בַּלֵּיל֔וֹת בִּקַּ֕שְׁתִּי
אֵ֖ת שֶׁאָהֲבָ֣ה נַפְשִׁ֑י בִּקַּשְׁתִּ֖יו וְל֥א
מְצָאתִֽיו׃{ב} אָק֨וּמָה נָּ֜א וַאֲסוֹבְבָ֣ה בָעִ֗יר
בַּשְּׁוָקִים֙ וּבָֽרְחֹב֔וֹת אֲבַקְשָׁ֕ה אֵ֥ת שֶׁאָהֲבָ֖ה
נַפְשִׁ֑י בִּקַּשְׁתִּ֖יו וְל֥א מְצָאתִֽיו׃ {ג} מְצָא֙וּנִי֙
הַשֹּׁ֣מְרִ֔ים הַסֹּבְבִ֖ים בָּעִ֑יר אֵ֛ת שֶׁאָהֲבָ֥ה
נַפְשִׁ֖י רְאִיתֶֽם׃ {ד} כִּמְעַט֙ שֶׁעָבַ֣רְתִּי מֵהֶ֔ם
עַ֣ד שֶׁמָּצָ֔אתִי אֵ֥ת שֶׁאָהֲבָ֖ה נַפְשִׁ֑י אֲחַזְתִּיו֙
וְל֣א אַרְפֶּ֔נּוּ עַד-שֶׁ֨הֲבֵיאתִיו֙ אֶל-בֵּ֣ית אִמִּ֔י
וְאֶל-חֶ֖דֶר הוֹרָתִֽי׃ {ה} הִשְׁבַּ֨עְתִּי אֶתְכֶ֜ם
בְּנ֤וֹת יְרוּשָׁלִַ֙ם֙ בִּצְבָא֔וֹת א֖וֹ בְּאַיְל֣וֹת הַשָּׂדֶ֑ה
אִם-תָּעִ֧ירוּ ׀ וְֽאִם-תְּעֽוֹרְר֛וּ אֶת-הָאַהֲבָ֖ה
עַ֥ד שֶׁתֶּחְפָּֽץ׃ (ס) {ו} מִ֣י זֹ֗את עֹלָה֙ מִן-
הַמִּדְבָּ֔ר כְּתִֽימְר֖וֹת עָשָׁ֑ן מְקֻטֶּ֤רֶת מוֹר֙
וּלְבוֹנָ֔ה מִכֹּ֖ל אַבְקַ֥ת רוֹכֵֽל׃ {ז} הִנֵּ֗ה מִטָּתוֹ֙
שֶׁלִּשְׁלֹמֹ֔ה שִׁשִּׁ֥ים גִּבֹּרִ֖ים סָבִ֣יב לָ֑הּ מִגִּבֹּרֵ֖י
יִשְׂרָאֵֽל׃ {ח} כֻּלָּם֙ אֲחֻ֣זֵי חֶ֔רֶב מְלֻמְּדֵ֖י
מִלְחָמָ֑ה אִ֤ישׁ חַרְבּוֹ֙ עַל-יְרֵכ֔וֹ מִפַּ֖חַד

בַּלֵּילוֹת: (ס) {ט} אַפִּרְיוֹן עָשָׂה לוֹ הַמֶּלֶךְ
שְׁלֹמֹה מֵעֲצֵי הַלְּבָנוֹן: {י} עַמּוּדָיו עָשָׂה
כֶסֶף רְפִידָתוֹ זָהָב מֶרְכָּבוֹ אַרְגָּמָן תּוֹכוֹ
רָצוּף אַהֲבָה מִבְּנוֹת יְרוּשָׁלִָם: {יא} צְאֶינָה
| וּרְאֶינָה בְּנוֹת צִיּוֹן בַּמֶּלֶךְ שְׁלֹמֹה בָּעֲטָרָה
שֶׁעִטְּרָה-לּוֹ אִמּוֹ בְּיוֹם חֲתֻנָּתוֹ וּבְיוֹם שִׂמְחַת
לִבּוֹ: (ס)

פרק-ד {א} הִנָּךְ יָפָה רַעְיָתִי הִנָּךְ יָפָה
עֵינַיִךְ יוֹנִים מִבַּעַד לְצַמָּתֵךְ
שַׂעְרֵךְ כְּעֵדֶר הָעִזִּים שֶׁגָּלְשׁוּ מֵהַר
גִּלְעָד: {ב} שִׁנַּיִךְ כְּעֵדֶר הַקְּצוּבוֹת שֶׁעָלוּ
מִן-הָרַחְצָה שֶׁכֻּלָּם מַתְאִימוֹת וְשַׁכֻּלָה אֵין
בָּהֶם: {ג} כְּחוּט הַשָּׁנִי שִׂפְתֹתַיִךְ וּמִדְבָּרֵיךְ
נָאוֶה כְּפֶלַח הָרִמּוֹן רַקָּתֵךְ מִבַּעַד
לְצַמָּתֵךְ: {ד} כְּמִגְדַּל דָּוִיד צַוָּארֵךְ בָּנוּי
לְתַלְפִּיּוֹת אֶלֶף הַמָּגֵן תָּלוּי עָלָיו כֹּל שִׁלְטֵי
הַגִּבּוֹרִים: {ה} שְׁנֵי שָׁדַיִךְ כִּשְׁנֵי עֳפָרִים
תְּאוֹמֵי צְבִיָּה הָרוֹעִים בַּשּׁוֹשַׁנִּים: {ו} עַד

שֶׁיָּפ֨וּחַ֙ הַיּ֔וֹם וְנָ֖סוּ הַצְּלָלִ֑ים אֵ֤לֶךְ לִי֙ אֶל־
הַ֣ר הַמּ֔וֹר וְאֶל־גִּבְעַ֖ת הַלְּבוֹנָֽה׃ {ז} כֻּלָּ֤ךְ
יָפָה֙ רַעְיָתִ֔י וּמ֖וּם אֵ֥ין בָּֽךְ׃ (ס) {ח} אִתִּ֤י
מִלְּבָנוֹן֙ כַּלָּ֔ה אִתִּ֖י מִלְּבָנ֣וֹן תָּב֑וֹאִי תָּשׁ֣וּרִי ׀
מֵרֹ֣אשׁ אֲמָנָ֗ה מֵרֹ֤אשׁ שְׂנִיר֙ וְחֶרְמ֔וֹן מִמְּעֹנ֣וֹת
אֲרָי֔וֹת מֵהַרְרֵ֖י נְמֵרִֽים׃ {ט} לִבַּבְתִּ֖נִי אֲחֹתִ֣י
כַלָּ֑ה לִבַּבְתִּ֙ינִי֙ (באחד) בְּאַחַ֣ת מֵעֵינַ֔יִךְ
בְּאַחַ֥ד עֲנָ֖ק מִצַּוְּרֹנָֽיִךְ׃ {י} מַה־יָּפ֥וּ דֹדַ֖יִךְ
אֲחֹתִ֣י כַלָּ֑ה מַה־טֹּ֤בוּ דֹדַ֙יִךְ֙ מִיַּ֔יִן וְרֵ֥יחַ שְׁמָנַ֖יִךְ
מִכָּל־בְּשָׂמִֽים׃ {יא} נֹ֛פֶת תִּטֹּ֥פְנָה שִׂפְתוֹתַ֖יִךְ
כַּלָּ֑ה דְּבַ֤שׁ וְחָלָב֙ תַּ֣חַת לְשׁוֹנֵ֔ךְ וְרֵ֥יחַ שַׂלְמֹתַ֖יִךְ
כְּרֵ֥יחַ לְבָנֽוֹן׃ (ס) {יב} גַּ֥ן ׀ נָע֖וּל אֲחֹתִ֣י
כַלָּ֑ה גַּ֥ל נָע֖וּל מַעְיָ֥ן חָתֽוּם׃ {יג} שְׁלָחַ֙יִךְ֙
פַּרְדֵּ֣ס רִמּוֹנִ֔ים עִ֖ם פְּרִ֣י מְגָדִ֑ים כְּפָרִ֖ים עִם־
נְרָדִֽים׃ {יד} נֵ֣רְדְּ ׀ וְכַרְכֹּ֗ם קָנֶה֙ וְקִנָּמ֔וֹן עִ֖ם
כָּל־עֲצֵ֣י לְבוֹנָ֑ה מֹ֚ר וַאֲהָל֔וֹת עִ֖ם כָּל־רָאשֵׁ֥י
בְשָׂמִֽים׃ {טו} מַעְיַ֣ן גַּנִּ֔ים בְּאֵ֖ר מַ֣יִם חַיִּ֑ים
וְנֹזְלִ֖ים מִן־לְבָנֽוֹן׃ {טז} ע֤וּרִי צָפוֹן֙ וּב֣וֹאִי

תֵימָן הָפִיחִי גַנִּי יִזְּלוּ בְשָׂמָיו יָבֹא דוֹדִי לְגַנּוֹ
וְיֹאכַל פְּרִי מְגָדָיו׃

פרק-ה {א} בָּאתִי לְגַנִּי אֲחֹתִי כַלָּה אָרִיתִי
מוֹרִי עִם-בְּשָׂמִי אָכַלְתִּי יַעְרִי
עִם-דִּבְשִׁי שָׁתִיתִי יֵינִי עִם-חֲלָבִי אִכְלוּ
רֵעִים שְׁתוּ וְשִׁכְרוּ דּוֹדִים׃ (ס) {ב} אֲנִי יְשֵׁנָה
וְלִבִּי עֵר קוֹל ׀ דּוֹדִי דוֹפֵק פִּתְחִי-לִי אֲחֹתִי
רַעְיָתִי יוֹנָתִי תַמָּתִי שֶׁרֹּאשִׁי נִמְלָא-טָל
קְוֻצּוֹתַי רְסִיסֵי לָיְלָה׃ {ג} פָּשַׁטְתִּי אֶת-
כֻּתָּנְתִּי אֵיכָכָה אֶלְבָּשֶׁנָּה רָחַצְתִּי אֶת-רַגְלַי
אֵיכָכָה אֲטַנְּפֵם׃ {ד} דּוֹדִי שָׁלַח יָדוֹ מִן-
הַחֹר וּמֵעַי הָמוּ עָלָיו׃ {ה} קַמְתִּי אֲנִי לִפְתֹּחַ
לְדוֹדִי וְיָדַי נָטְפוּ-מוֹר וְאֶצְבְּעֹתַי מוֹר עֹבֵר
עַל כַּפּוֹת הַמַּנְעוּל׃ {ו} פָּתַחְתִּי אֲנִי לְדוֹדִי
וְדוֹדִי חָמַק עָבָר נַפְשִׁי יָצְאָה בְדַבְּרוֹ
בִּקַּשְׁתִּיהוּ וְלֹא מְצָאתִיהוּ קְרָאתִיו וְלֹא
עָנָנִי׃ {ז} מְצָאֻנִי הַשֹּׁמְרִים הַסֹּבְבִים בָּעִיר
הִכּוּנִי פְצָעוּנִי נָשְׂאוּ אֶת-רְדִידִי מֵעָלַי שֹׁמְרֵי

הַחֹמוֹת׃ {ח} הִשְׁבַּעְתִּי אֶתְכֶם בְּנוֹת יְרוּשָׁלִָם
אִם-תִּמְצְאוּ אֶת-דּוֹדִי מַה-תַּגִּידוּ לוֹ שֶׁחוֹלַת
אַהֲבָה אָנִי׃ {ט} מַה-דּוֹדֵךְ מִדּוֹד הַיָּפָה
בַּנָּשִׁים מַה-דּוֹדֵךְ מִדּוֹד שֶׁכָּכָה
הִשְׁבַּעְתָּנוּ׃ {י} דּוֹדִי צַח וְאָדוֹם דָּגוּל
מֵרְבָבָה׃ {יא} רֹאשׁוֹ כֶּתֶם פָּז קְוּצּוֹתָיו
תַּלְתַּלִּים שְׁחֹרוֹת כָּעוֹרֵב׃ {יב} עֵינָיו כְּיוֹנִים
עַל-אֲפִיקֵי מָיִם רֹחֲצוֹת בֶּחָלָב יֹשְׁבוֹת עַל-
מִלֵּאת׃ {יג} לְחָיָו כַּעֲרוּגַת הַבֹּשֶׂם מִגְדְּלוֹת
מֶרְקָחִים שִׂפְתוֹתָיו שׁוֹשַׁנִּים נֹטְפוֹת מוֹר
עֹבֵר׃ {יד} יָדָיו גְּלִילֵי זָהָב מְמֻלָּאִים
בַּתַּרְשִׁישׁ מֵעָיו עֶשֶׁת שֵׁן מְעֻלֶּפֶת
סַפִּירִים׃ {טו} שׁוֹקָיו עַמּוּדֵי שֵׁשׁ מְיֻסָּדִים
עַל-אַדְנֵי-פָז מַרְאֵהוּ כַּלְּבָנוֹן בָּחוּר
כָּאֲרָזִים׃ {טז} חִכּוֹ מַמְתַקִּים וְכֻלּוֹ מַחֲמַדִּים
זֶה דוֹדִי וְזֶה רֵעִי בְּנוֹת יְרוּשָׁלִָם׃

פרק-ו {א} אָנָה הָלַךְ דּוֹדֵךְ הַיָּפָה בַּנָּשִׁים
אָנָה פָּנָה דוֹדֵךְ וּנְבַקְשֶׁנּוּ

עִמָּֽךְ׃ {ב} דּוֹדִי֙ יָרַ֣ד לְגַנּ֔וֹ לַעֲרוּג֖וֹת הַבֹּ֑שֶׂם
לִרְעוֹת֙ בַּגַּנִּ֔ים וְלִלְקֹ֖ט שׁוֹשַׁנִּֽים׃ {ג} אֲנִ֤י
לְדוֹדִי֙ וְדוֹדִ֣י לִ֔י הָרֹעֶ֖ה בַּשּׁוֹשַׁנִּֽים׃ (ס) {ד} יָפָ֨ה
אַ֤תְּ רַעְיָתִי֙ כְּתִרְצָ֔ה נָאוָ֖ה כִּירֽוּשָׁלִָ֑ם אֲיֻמָּ֖ה
כַּנִּדְגָּלֽוֹת׃ {ה} הָסֵ֤בִּי עֵינַ֙יִךְ֙ מִנֶּגְדִּ֔י שֶׁהֵ֖ם
הִרְהִיבֻ֑נִי שַׂעְרֵךְ֙ כְּעֵ֣דֶר הָֽעִזִּ֔ים שֶׁגָּלְשׁ֖וּ מִן-
הַגִּלְעָֽד׃ {ו} שִׁנַּ֙יִךְ֙ כְּעֵ֣דֶר הָֽרְחֵלִ֔ים שֶׁעָל֖וּ
מִן-הָֽרַחְצָ֑ה שֶׁכֻּלָּם֙ מַתְאִימ֔וֹת וְשַׁכֻּלָ֖ה אֵ֥ין
בָּהֶֽם׃ {ז} כְּפֶ֤לַח הָֽרִמּוֹן֙ רַקָּתֵ֔ךְ מִבַּ֖עַד
לְצַמָּתֵֽךְ׃ {ח} שִׁשִּׁ֥ים הֵ֙מָּה֙ מְּלָכ֔וֹת וּשְׁמֹנִ֖ים
פִּֽילַגְשִׁ֑ים וַעֲלָמ֖וֹת אֵ֥ין מִסְפָּֽר׃ {ט} אַחַ֥ת
הִיא֙ יוֹנָתִ֣י תַמָּתִ֔י אַחַ֥ת הִיא֙ לְאִמָּ֔הּ בָּרָ֥ה
הִ֖יא לְיֽוֹלַדְתָּ֑הּ רָא֤וּהָ בָנוֹת֙ וַֽיְאַשְּׁר֔וּהָ מְלָכ֥וֹת
וּפִֽילַגְשִׁ֖ים וַֽיְהַלְלֽוּהָ׃ {י} מִי-זֹ֥את הַנִּשְׁקָפָ֖ה
כְּמוֹ-שָׁ֑חַר יָפָ֣ה כַלְּבָנָ֗ה בָּרָה֙ כַּֽחַמָּ֔ה אֲיֻמָּ֖ה
כַּנִּדְגָּלֽוֹת׃ (ס) {יא} אֶל-גִּנַּ֤ת אֱגוֹז֙ יָרַ֔דְתִּי
לִרְא֖וֹת בְּאִבֵּ֣י הַנָּ֑חַל לִרְאוֹת֙ הֲפָֽרְחָ֣ה הַגֶּ֔פֶן
הֵנֵ֖צוּ הָרִמֹּנִֽים׃ {יב} לֹ֣א יָדַ֔עְתִּי נַפְשִׁ֣י שָׂמַ֔תְנִי

מַרְכְּב֖וֹת עַמִּי-נָדִֽיב׃

פרק-ז {א} שׁ֤וּבִי שׁ֙וּבִי֙ הַשּׁ֣וּלַמִּ֔ית שׁ֥וּבִי
שׁ֖וּבִי וְנֶחֱזֶה-בָּ֑ךְ מַה-תֶּֽחֱזוּ֙
בַּשּׁ֣וּלַמִּ֔ית כִּמְחֹלַ֖ת הַֽמַּחֲנָֽיִם׃ {ב} מַה-יָּפ֧וּ
פְעָמַ֛יִךְ בַּנְּעָלִ֖ים בַּת-נָדִ֑יב חַמּוּקֵ֣י יְרֵכַ֔יִךְ
כְּמ֣וֹ חֲלָאִ֔ים מַעֲשֵׂ֖ה יְדֵ֥י אָמָּֽן׃ {ג} שָׁרְרֵךְ֙
אַגַּ֣ן הַסַּ֔הַר אַל-יֶחְסַ֖ר הַמָּ֑זֶג בִּטְנֵךְ֙ עֲרֵמַ֣ת
חִטִּ֔ים סוּגָ֖ה בַּשּׁוֹשַׁנִּֽים׃ {ד} שְׁנֵ֥י שָׁדַ֛יִךְ כִּשְׁנֵ֥י
עֳפָרִ֖ים תָּאֳמֵ֥י צְבִיָּֽה׃ {ה} צַוָּארֵ֖ךְ כְּמִגְדַּ֣ל
הַשֵּׁ֑ן עֵינַ֨יִךְ בְּרֵכ֜וֹת בְּחֶשְׁבּ֗וֹן עַל-שַׁ֙עַר֙ בַּת-
רַבִּ֔ים אַפֵּךְ֙ כְּמִגְדַּ֣ל הַלְּבָנ֔וֹן צוֹפֶ֖ה פְּנֵ֥י
דַמָּֽשֶׂק׃ {ו} רֹאשֵׁ֤ךְ עָלַ֙יִךְ֙ כַּכַּרְמֶ֔ל וְדַלַּ֥ת
רֹאשֵׁ֖ךְ כָּאַרְגָּמָ֑ן מֶ֖לֶךְ אָס֥וּר בָּרְהָטִֽים׃
{ז} מַה-יָּפִית֙ וּמַה-נָּעַ֔מְתְּ אַהֲבָ֖ה
בַּתַּֽעֲנוּגִֽים׃ {ח} זֹ֤את קֽוֹמָתֵךְ֙ דָּֽמְתָ֣ה לְתָמָ֔ר
וְשָׁדַ֖יִךְ לְאַשְׁכֹּלֽוֹת׃ {ט} אָמַ֙רְתִּי֙ אֶעֱלֶ֣ה
בְתָמָ֔ר אֹחֲזָ֖ה בְּסַנְסִנָּ֑יו וְיִֽהְיוּ-נָ֤א שָׁדַ֙יִךְ֙
כְּאֶשְׁכְּל֣וֹת הַגֶּ֔פֶן וְרֵ֥יחַ אַפֵּ֖ךְ כַּתַּפּוּחִֽים׃ {י} וְחִכֵּ֕ךְ

כְּיֵין הַטּוֹב הוֹלֵךְ לְדוֹדִי לְמֵישָׁרִים דּוֹבֵב
שִׂפְתֵי יְשֵׁנִים׃ {יא} אֲנִי לְדוֹדִי וְעָלַי
תְּשׁוּקָתוֹ׃ (ס) {יב} לְכָה דוֹדִי נֵצֵא הַשָּׂדֶה
נָלִינָה בַּכְּפָרִים׃ {יג} נַשְׁכִּימָה לַכְּרָמִים
נִרְאֶה אִם פָּרְחָה הַגֶּפֶן פִּתַּח הַסְּמָדַר הֵנֵצוּ
הָרִמּוֹנִים שָׁם אֶתֵּן אֶת-דֹּדַי לָךְ׃ {יד} הַדּוּדָאִים
נָתְנוּ-רֵיחַ וְעַל-פְּתָחֵינוּ כָּל-מְגָדִים חֲדָשִׁים
גַּם-יְשָׁנִים דּוֹדִי צָפַנְתִּי לָךְ׃

פרק-ח {א} מִי יִתֶּנְךָ כְּאָח לִי יוֹנֵק שְׁדֵי
אִמִּי אֶמְצָאֲךָ בַחוּץ אֶשָּׁקְךָ גַּם
לֹא-יָבוּזוּ לִי׃ {ב} אֶנְהָגֲךָ אֲבִיאֲךָ אֶל-בֵּית
אִמִּי תְּלַמְּדֵנִי אַשְׁקְךָ מִיַּיִן הָרֶקַח מֵעֲסִיס
רִמֹּנִי׃ {ג} שְׂמֹאלוֹ תַּחַת רֹאשִׁי וִימִינוֹ
תְּחַבְּקֵנִי׃ {ד} הִשְׁבַּעְתִּי אֶתְכֶם בְּנוֹת
יְרוּשָׁלִָם מַה-תָּעִירוּ ׀ וּמַה-תְּעֹרְרוּ אֶת-
הָאַהֲבָה עַד שֶׁתֶּחְפָּץ׃ (ס) {ה} מִי זֹאת
עֹלָה מִן-הַמִּדְבָּר מִתְרַפֶּקֶת עַל-דּוֹדָהּ תַּחַת
הַתַּפּוּחַ עוֹרַרְתִּיךָ שָׁמָּה חִבְּלַתְךָ אִמֶּךָ שָׁמָּה

חִבְּלָה יְלָדַתְךָ: {ו} שִׂימֵנִי כַחוֹתָם עַל־לִבֶּךָ
כַּחוֹתָם עַל־זְרוֹעֶךָ כִּי־עַזָּה כַמָּוֶת אַהֲבָה
קָשָׁה כִשְׁאוֹל קִנְאָה רְשָׁפֶיהָ רִשְׁפֵּי אֵשׁ
שַׁלְהֶבֶתְיָה: {ז} מַיִם רַבִּים לֹא יוּכְלוּ לְכַבּוֹת
אֶת־הָאַהֲבָה וּנְהָרוֹת לֹא יִשְׁטְפוּהָ אִם־יִתֵּן
אִישׁ אֶת־כָּל־הוֹן בֵּיתוֹ בָּאַהֲבָה בּוֹז יָבוּזוּ
לוֹ: (ס) {ח} אָחוֹת לָנוּ קְטַנָּה וְשָׁדַיִם אֵין
לָהּ מַה־נַּעֲשֶׂה לַאֲחֹתֵנוּ בַּיּוֹם
שֶׁיְּדֻבַּר־בָּהּ: {ט} אִם־חוֹמָה הִיא נִבְנֶה
עָלֶיהָ טִירַת כָּסֶף וְאִם־דֶּלֶת הִיא נָצוּר
עָלֶיהָ לוּחַ אָרֶז: {י} אֲנִי חוֹמָה וְשָׁדַי
כַּמִּגְדָּלוֹת אָז הָיִיתִי בְעֵינָיו כְּמוֹצְאֵת
שָׁלוֹם: (פ) {יא} כֶּרֶם הָיָה לִשְׁלֹמֹה בְּבַעַל
הָמוֹן נָתַן אֶת־הַכֶּרֶם לַנֹּטְרִים אִישׁ יָבִא
בְּפִרְיוֹ אֶלֶף כָּסֶף: {יב} כַּרְמִי שֶׁלִּי לְפָנָי
הָאֶלֶף לְךָ שְׁלֹמֹה וּמָאתַיִם לְנֹטְרִים אֶת־
פִּרְיוֹ: {יג} הַיּוֹשֶׁבֶת בַּגַּנִּים חֲבֵרִים מַקְשִׁיבִים
לְקוֹלֵךְ הַשְׁמִיעִינִי: {יד} בְּרַח | דוֹדִי וּדְמֵה־

לֵךְ לְךָ לִצְבִי אוֹ לְעֹפֶר הָאַיָּלִים עַל הָרֵי בְשָׂמִים: (פפפ)

הַיּוֹשֶׁבֶת בַּגַּנִּים חֲבֵרִים מַקְשִׁיבִים לְקוֹלֵךְ הַשְׁמִיעִינִי:

תפילה שאומרים לאחר אמירת שיר השירים:

רבון כָּל הָעוֹלָמִים יְהִי רָצוֹן מִלְּפָנֶיךָ יְיָ אֱלֹהַי וֵאלֹהֵי אֲבוֹתַי, שֶׁבִּזְכוּת שִׁיר הַשִּׁירִים אֲשֶׁר קָרִיתִי וְלָמַדְתִּי, שֶׁהוּא קֹדֶשׁ קָדָשִׁים, בִּזְכוּת פְּסוּקָיו, וּבִזְכוּת תֵּבוֹתָיו, וּבִזְכוּת אוֹתִיּוֹתָיו, וּבִזְכוּת נְקֻדּוֹתָיו, וּבִזְכוּת טְעָמָיו, וּבִזְכוּת שְׁמוֹתָיו וְצֵרוּפָיו וּרְמָזָיו וְסוֹדוֹתָיו הַקְּדוֹשִׁים וְהַטְּהוֹרִים הַנּוֹרָאִים הַיּוֹצְאִים מִמֶּנּוּ, שֶׁתְּהֵא שָׁעָה זוֹ שְׁעַת רַחֲמִים, שְׁעַת הַקְשָׁבָה, שְׁעַת הַאֲזָנָה, וְנִקְרָאֲךָ וְתַעֲנֵנוּ, נַעְתִּיר לְךָ וְהֵעָתֶר לָנוּ, שֶׁיִּהְיֶה עוֹלֶה לְפָנֶיךָ קְרִיאַת וְלִמּוּד שִׁיר הַשִּׁירִים כְּאִלּוּ הִשַּׂגְנוּ כָּל הַסּוֹדוֹת הַנִּפְלָאוֹת וְהַנּוֹרָאוֹת אֲשֶׁר הֵם חֲתוּמִים בּוֹ בְּכָל תְּנָאָיו, וְנִזְכֶּה לְמָקוֹם שֶׁהָרוּחוֹת וְהַנְּשָׁמוֹת, נֶחְצָבוֹת מִשָּׁם, וּכְאִלּוּ עָשִׂינוּ כָּל מַה שֶּׁמּוּטָל עָלֵינוּ לְהַשִּׂיג בֵּין בְּגִלְגּוּל זֶה, בֵּין בְּגִלְגּוּל אַחֵר, וְלִהְיוֹת מִן הָעוֹלִים וְהַזּוֹכִים לָעוֹלָם הַבָּא, עִם שְׁאָר צַדִּיקִים וַחֲסִידִים. וּמַלֵּא כָּל מִשְׁאֲלוֹת לִבֵּנוּ לְטוֹבָה, וְתִהְיֶה עִם לְבָבֵנוּ וְאִמְרֵי פִינוּ בְּעֵת מַחְשְׁבוֹתֵינוּ, וְעִם יָדֵינוּ בְּעֵת מַעֲבָדֵינוּ, וְתִשְׁלַח בְּרָכָה, וְהַצְלָחָה, בְּכָל מַעֲשֵׂה יָדֵינוּ, וּמֵעָפָר תְּקִימֵנוּ, וּמֵאַשְׁפּוֹת דַּלּוּתֵנוּ תְּרוֹמְמֵנוּ, וְתָשִׁיב שְׁכִינָתְךָ לְעִיר קָדְשֶׁךָ בִּמְהֵרָה בְיָמֵינוּ, אָמֵן.

תוכן העניינים

הגדה
של פסח
תלת-לשוני
עברית - אנגלית - פרסית
לפי מנהג הספרדים ועדות המזרח
גרסת שחור-לבן

HAGGADAH
SHEL PESACH
Trilingual
Hebrew - English - Persian
According to the custom of Sephardim and Edot HaMizrach
Grayscale version

هگادا
شل پسح
سه زبانه
عبری _ انگلیسی _ فارسی
طبق رسوم یهودیان سفارادی و میزراخی
نسخه‌ی سیاه و سفید

Compiled and Edited by:
Avraham and Miryam Shilian

2nd Edition

Made in the USA
Las Vegas, NV
07 April 2024

88370925R20085